UML kompakt

Heide Balzert

UML kompakt
mit Checklisten

Spektrum Akademischer Verlag   Heidelberg · Berlin

Autorin:
Prof. Dr. Heide Balzert
Fachhochschule Dortmund
Fachbereich Informatik
e-mail: balzert@fh-dortmund.de
http://www.inf.fh-dortmund.de/balzert

Die Deutsche Bibliothek – CIP-Einheitsaufnahme
Balzert, Heide:
UML kompakt : mit Checklisten / Heide Balzert. –
Heidelberg ; Berlin : Spektrum, Akad. Verl., 2001
ISBN 3-8274-1054-1

Lektorat: Dr. Andreas Rüdinger / Bianca Alton
Herstellung: Katrin Frohberg
Satz: Hagedorn Kommunikation, Viernheim
Druck und Verarbeitung: Franz Spiegel Buch GmbH, Ulm

Vorwort

Die UML *(Unified Modeling Language)* ist eine grafische Notation zur Erstellung objektorientierter Modelle für die Analyse und den Entwurf von objektorientierter Software. Sie hat seit ihren ersten Veröffentlichungen vor wenigen Jahren einen einzigartigen Siegeszug unter den Modellierungstechniken angetreten und gilt heute als der Standard für objektorientierte Notationen. Oft wird sie schon als Synonym für Objektorientierung verwendet.

Das Ziel dieses Buches ist es, Ihnen das Wichtigste zur UML zum schnellen Nachschlagen zur Verfügung zu stellen. Es wendet sich also an Leser, die bereits grundlegende Erfahrungen mit der objektorientierten Modellierung – aber nicht unbedingt mit der UML – besitzen und auf Fragen eine kompakte Antwort suchen und auch an Leser, die sich einen kurzen Überblick über die UML verschaffen wollen.

Leser, die sich vertieft mit der Objektorientierung und der UML auseinandersetzen wollen, möchte ich auf mein *Lehrbuch der Objektmodellierung* und mein Buch *Objektorientierung in 7 Tagen* verweisen.

Das vorliegende Buch führt kurz und knapp in die Konzepte der Objektorientierung und ihre Darstellung mittels UML ein. Anschließend werden alle Diagramme der UML im Überblick vorgestellt. Verwendet wird die neueste UML-Version, die bei Drucklegung zur Verfügung stand: die UML 1.4.

Die UML-Notation ist – wie eine Programmiersprache – nur ein Hilfsmittel zur Beschreibung. Das »Gewusst Wie« von der Idee zum UML-Modell, das ein geübter Modellierer im Kopf hat, wird dem Einsteiger in die Objektorientierung in Form von Checklisten zur Verfügung gestellt. Für jeden einzelnen Schritt der Vorgehensweise hält dieses Buch eine Checkliste mit zahlreichen Tipps parat.

Viele Probleme beim Erstellen von Analyse- und Entwurfsmodellen ähneln sich. Daher sollte der Nutzen von Analyse- und Entwurfsmustern nicht unterschätzt werden. Während die hier vorgestellten Analysemuster – insbesondere den Einsteiger in die Objektmodellierung – beim Erstellen der Klassendiagramme unterstützen, bilden die Entwurfsmuster die Basis für eine notwendige Standardisierung beim objektorientierten Entwurf.

Da dieses Buch *UML kompakt* heißt, möchte ich mich auch auf ein kompaktes Vorwort beschränken. Ich hoffe, dass dieses Buch für Sie von Nutzen ist und Ihnen die praktische Anwendung der UML erleichtert.

Ihre

Heide Balzert

Inhalt

Inhalt

Einführung

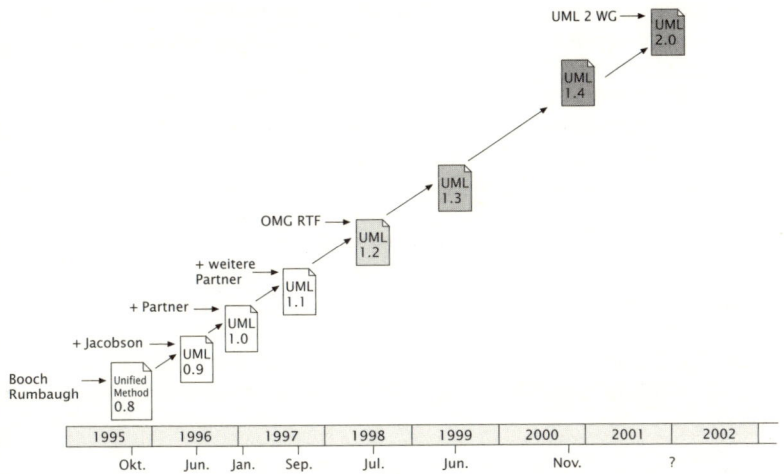

Im Oktober 1994 haben sich Grady Booch und Jim Rumbaugh bei der Rational Software Corporation zusammengeschlossen, um ihre erfolgreichen Methoden zu einem einheitlichen Industriestandard weiterzuentwickeln. Es entstand zunächst der Vorgänger der *Unified Modeling Language* (UML), der unter dem Namen **Unified Method 0.8** im Oktober 1995 publiziert wurde. Seit Herbst 1995 ist auch Ivar Jacobson an der Entwicklung beteiligt und integrierte seine OOSE-Methode in die UML. Im Juni 1996 wurde die **UML 0.9** veröffentlicht.

Seit 1996 wirkten auch mehrere Partner-Firmen an der Definition der UML mit. Die **UML 1.0** wurde im Januar 1997 verabschiedet und der OMG zur Standardisierung vorgelegt. Zur selben Zeit wurde die Gruppe der Partner-Firmen erweitert. Es entstand die Version 1.1. der UML, die der *Object Management Group* (OMG) im Juli 1997 zur Standardisierung vorgelegt wurde. Im September 1997 wurde diese Version von der *OMG Analysis and Design Task Force* und dem *OMG Architecture Board* akzeptiert. Im November 1997 wurde schließlich die **UML 1.1** von der OMG als Standard verabschiedet.

Die Weiterentwicklung der UML wurde an die *OMG Revision Task Force* (RTF) übertragen, die von Cris Kobryn geleitet wird. Im Juli 1998 wurde von der RTF die **UML 1.2** intern freigegeben. Alle Änderungen waren rein redaktionell und hatten keine Auswirkungen auf den technischen Inhalt.

Im Juni 1999 wurde von der RTF die **UML 1.3** verabschiedet. Wichtige Verbesserungen sind die Beseitigung von Inkonsistenzen zwischen den verschiedenen Dokumenten. Außerdem werden Definitionen und Erklärungen präziser beschrieben. Auch inhaltlich wurden geringfügige Änderungen vorgenommen.

Im November 2000 wurde von der OMG RTF die **UML 1.4** als Betaversion auf der OMG-Website publiziert. Sie enthält kleinere Überarbeitungen gegenüber der UML 1.3 und ist die Basis für das vorliegende Buch.

Die *UML 2.0 Working Group* (UML 2 WG) arbeitet zur Zeit im Auftrag der OMG an der **UML 2.0**, die umfangreiche Erweiterungen enthalten soll.

UML-Notationselemente

Objekt

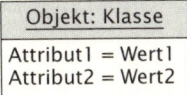

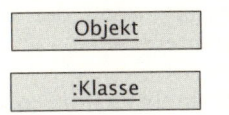

In der objektorientierten Softwareentwicklung besitzt ein **Objekt** *(object)* einen bestimmten Zustand und reagiert mit einem definierten Verhalten auf seine Umgebung. Außerdem besitzt jedes Objekt eine Identität, die es von allen anderen Objekten unterscheidet. Ein Objekt kann ein oder mehrere andere Objekte kennen. Man spricht von Verbindungen *(links)* zwischen Objekten.

Der **Zustand** *(state)* eines Objekts umfasst die Attribute bzw. deren aktuelle Werte und die jeweiligen Verbindungen zu anderen Objekten. Attribute sind inhärente, unveränderliche Merkmale des Objekts, während die Attributwerte Änderungen unterliegen können. Das **Verhalten** *(behavior)* eines Objekts wird durch eine Menge von Operationen beschrieben. Eine Änderung oder eine Abfrage des Zustandes ist nur mittels der Operationen möglich.

Das Objekt wird in der UML als Rechteck dargestellt, das in zwei Felder aufgeteilt werden kann. Im oberen Feld wird das Objekt wie folgt bezeichnet:

`:Klasse`   bei einem anonymem Objekt wird nur der Klassenname angegeben.

`Objekt:Klasse`   wenn das Objekt über einen Namen angesprochen werden soll.

`Objekt`   wenn der Objektname ausreicht, um das Objekt zu identifizieren und der Name der Klasse aus dem Kontext ersichtlich ist.

Die Bezeichnung eines Objekts wird immer unterstrichen. Anonyme Objekte werden verwendet, wenn es sich um irgendein Objekt der Klasse handelt. Objektnamen dienen dazu, ein bestimmtes Objekt der Klasse für den Systemanalytiker zu benennen.

Im unteren Feld werden – optional – die im jeweiligen Kontext relevanten Attribute des Objekts eingetragen. Die UML ermöglicht folgende Alternativen:

3

```
Attribut : Typ = Wert
Attribut = Wert          empfehlenswert, da der Typ bereits bei der
```
Klasse definiert ist und diese Angabe daher
redundant ist.

```
Attribut                 sinnvoll, wenn der Wert des Attributs nicht
```
von Interesse ist.

Die Operationen, die ein Objekt ausführen kann, werden in der UML
nicht angegeben.

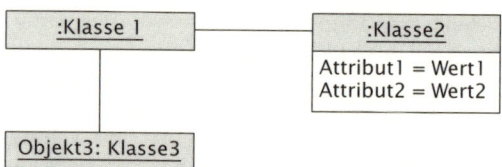

Objekte und ihre Ver-
bindungen untereinan-
der werden im **Ob-
jektdiagramm** *(ob-
ject diagram)* spezifi-
ziert. Es beschreibt
Objekte, Attributwerte und Verbindungen zwischen Objekten zu
einem bestimmten Zeitpunkt. Meistens werden anonyme Objekte
verwendet. Konkrete Objekte sind nur in Ausnahmefällen interes-
sant. Zustand (Daten) und Verhalten (Operationen) eines Objekts bilden eine Einheit. Die Daten eines Objekts können nur mittels Operationen gelesen und geändert werden (Geheimnisprinzip).

Die **Objektidentität** *(object identity)* ist die Eigenschaft, die ein
Objekt von allen anderen Objekten unterscheidet. Sie bedeutet,
dass alle Objekte auf Grund ihrer Existenz unterscheidbar sind,
auch wenn sie zufällig identische Attributwerte besitzen. Die Identität eines Objekts kann sich nicht ändern. Keine zwei Objekte können dieselbe Identität besitzen. Besitzen zwei Objekte – mit unterschiedlichen Identitäten – dieselben Attributwerte, so spricht man
von der Gleichheit der Objekte.

Der **Objektname** identifiziert ein Objekt im Objektdiagramm. Im
Gegensatz zur Objektidentität muss er nur im betrachteten Kontext,
d.h. innerhalb eines Diagramms, eindeutig sein. Besitzen Objekte in
verschiedenen Diagrammen denselben Namen, so kann es sich um
unterschiedliche Objekte handeln. Alle gleichartigen Objekte, d.h.
Objekte mit denselben Operationen und gleichen Attributen – aber
im Allgemeinen unterschiedlichen Attributwerten! – gehören zu der
gleichen Klasse. Jedes Objekt ist Exemplar einer Klasse.

Klasse

Eine **Klasse** definiert für eine Kollektion von Objekten deren Struktur (Attribute), Verhalten (Operationen) und Beziehungen (Assoziationen und Vererbungsstrukturen). Sie besitzt einen Mechanismus, um neue Objekte zu erzeugen *(object factory)*. Jedes erzeugte Objekt gehört zu genau einer Klasse. Das Verhalten *(behavior)* einer Klasse wird durch die Botschaften (Nachrichten) beschrieben, auf die diese Klasse bzw. deren Objekte reagieren können. Jede Botschaft aktiviert eine Operation gleichen Namens.

Die Klassensymbole werden zusammen mit weiteren Symbolen, z.B. Assoziation und Vererbung in das **Klassendiagramm** eingetragen. Bei großen Systemen ist es im Allgemeinen sinnvoll oder notwendig, mehrere Klassendiagramme zu erstellen.

Der **Klassenname** ist stets ein Substantiv im Singular, das durch ein Adjektiv ergänzt werden kann. Er beschreibt also ein einzelnes Objekt der Klasse. Beispiele: Mitarbeiter, PKW, Kunde. Der Klassenname muss innerhalb eines Pakets, besser jedoch innerhalb des gesamten Systems, eindeutig sein. Bei Bedarf wird er in der UML wie folgt erweitert: »Paket::Klasse«.

Das Namensfeld einer Klasse kann in der UML um einen Stereotypen und eine Liste von Merkmalen erweitert werden.

Ein **Stereotyp** *(stereotype)* klassifiziert Elemente (z.B. Klassen, Operationen) des Modells. Die UML enthält einige vordefinierte Stereotypen, und es können weitere Stereotypen definiert werden. Stereotypen werden in französischen Anführungszeichen *(guillemets)* mit Spitzen nach außen angegeben, z.B. «Stammdaten».

5

Ein **Merkmal** *(property)* beschreibt Eigenschaften eines bestimmten Elements des Modells. Mehrere Merkmale können in einer Liste zusammengefasst werden. Sie werden in der folgenden Form beschrieben: {Schlüsselwort = Wert, ...} oder nur {Schlüsselwort}.

Eine **generische Klasse** *(parameterized class, template)* ist eine Beschreibung einer Klasse mit einem oder mehreren formalen Parametern. Die generische Klasse Queue realisiert das Verhalten einer Warteschlange. Welche und wie viele Elemente die Queue verwalten soll, wird (noch) nicht bestimmt. Der Parameter Element beschreibt einen Typ. Daher sind für diesen Parameter keine weiteren Angaben notwendig. Der Parameter n vom Typ int gibt die maximale Größe der Warteschlange an. Diese generische Klasse bildet die Vorlage für die »normalen« Klassen Queue<int,100>, in der maximal 100 *int*-Werte gespeichert werden können und FloatQueue, die maximal 20 *float*-Werte enthalten kann. Von diesen beiden Klassen können dann entsprechende Objekte erzeugt werden.

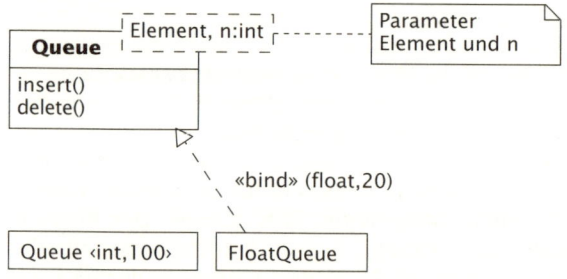

Eine **Schnittstelle** *(interface)* besteht nur aus den Signaturen von Operationen. Sie ist formal äquivalent zu einer abstrakten Klasse, die ausschließlich abstrakte Operationen besitzt.

Für die Darstellung einer Schnittstelle kann das Klassensymbol mit dem Stereotypen «interface» und der Liste der Operationen, die von der Schnittstelle unterstützt werden, gewählt werden. Die Attributliste entfällt, denn sie ist immer leer. Die Realisierung bzw. Implementierung einer Schnittstelle durch eine Klasse wird durch den gestrichelten »Vererbungspfeil« gekennzeichnet.

Eine Schnittstelle kann alternativ durch einen kleinen Kreis dargestellt werden, unter dem der Name der Schnittstelle steht. Ist dieser Kreis mit einem Klassensymbol, verbunden, so bedeutet dies, dass diese Klasse alle Operationen der Schnittstelle (und eventuell auch mehr) zur Verfügung stellt.

Verwendet eine Klasse `Client` Operationen der Schnittstelle, so wird dies durch einen gestrichelten Pfeil dargestellt.

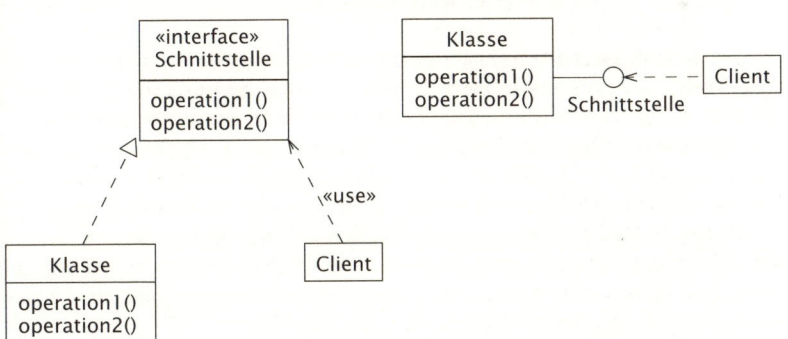

Abstrakte Klassen werden im Abschnitt Vererbung behandelt.

Attribut

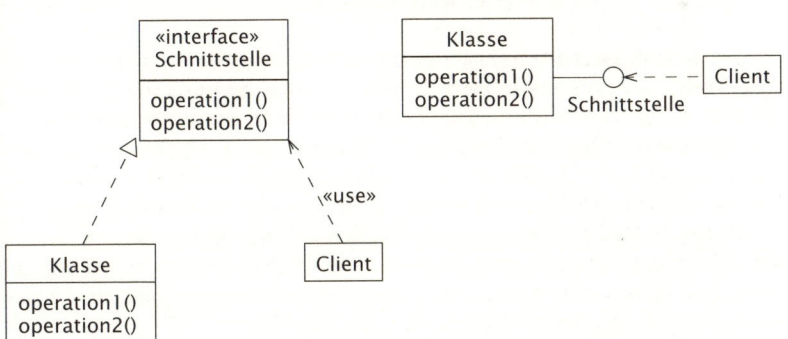

```
Attribut: Typ = Anfangswert
{Merkmal1, Merkmal2, ...}
```

Attribute beschreiben die Daten, die von den Objekten einer Klasse angenommen werden können. Jedes Attribut ist von einem bestimmten Typ. Alle Objekte einer Klasse besitzen dieselben Attribute, jedoch unterschiedliche Attributwerte. Attribute werden durch Angabe von Typ, Anfangswert und Merkmalen **spezifiziert**. Attributtypen können Standardtypen (einer Programmiersprache), Aufzählungstypen oder selbst wieder Klassen sein.

«enumeration» Farbe
rot gelb grün

Für die Definition von Aufzählungstypen verwendet UML das Klassensymbol, das mit dem Stereotypen <<enumeration>> gekennzeichnet ist und die Aufzählungswerte als Attributnamen enthält.

Mit dem Anfangswert wird das Attribut beim Erzeugen des Objekts initialisiert. Ein Merkmal ist z.B. {frozen}, das festlegt, dass der Attributwert nicht geändert werden kann.

Der **Attributname** muss im Kontext der Klasse eindeutig sein. Er beschreibt die gespeicherten Daten. Im Allgemeinen wird ein Substantiv dafür verwendet. In der UML beginnen Attributnamen generell mit einem Kleinbuchstaben. Bei deutschen Bezeichnern beginnt man wegen der besseren Lesbarkeit jedoch Attributnamen mit einem Großbuchstaben, wenn es sich um ein Substantiv handelt. Wird die englische Sprache zur Modellierung verwendet, so sollte die UML-Regel angewendet werden. Da ein Attributname nur innerhalb der Klasse eindeutig ist, verwendet man außerhalb des Klassenkontextes die Bezeichnung Klasse.Attribut.

Ein **Klassenattribut** *(class scope attribute)* liegt vor, wenn nur ein Attributwert für alle Objekte einer Klasse existiert. Klassenattribute existieren auch dann, wenn es zu einer Klasse – noch – keine Objekte gibt. Um die Klassenattribute von den (Objekt-) Attributen zu unterscheiden, werden sie in der UML unterstrichen (z.B. Klassenattribut).

Der Wert eines **abgeleiteten Attributs** *(derived attribute)* kann jederzeit aus anderen Attributwerten berechnet werden. Abgeleitete Attribute werden mit dem Präfix »/« gekennzeichnet. Ein abgeleitetes Attribut darf nicht geändert werden.

Class
+ publicAttribute # protectedAttribute – privateAttribute ~ packageAttribute

Für jedes Attribut wird im Entwurf die **Sichtbarkeit** *(visibility)* angegeben. Die UML unterscheidet folgende Arten:

- *public*: sichtbar für alle Klassen,
- *protected:* sichtbar für alle Unterklassen und innerhalb der Klasse,
- *private:* sichtbar nur innerhalb der Klasse,
- *package:* sichtbar innerhalb des Paktes.

Operation

Klasse
Operation ()
Klassenoperation ()
abstrakte Operation ()

Operation () {Merkmal1, Merkmal2, ...}

Eine **Operation** ist eine ausführbare Tätigkeit. Alle Objekte einer Klasse verwenden dieselben Operationen. Jede Operation kann auf alle Attribute eines Objekts dieser Klasse direkt zugreifen. Die Menge aller Operationen wird als das Verhalten der Klasse oder als die Schnittstelle der Klasse bezeichnet.

Der **Operationsname** soll ausdrücken, was die Operation leistet. Er muss daher im Allgemeinen ein Verb enthalten, z.B. verschiebe(), erhöhe Gehalt(). Der Name einer Operation muss im Kontext der Klasse eindeutig ein. Außerhalb der Klasse wird die Operation mit »Klasse.Operation()« bezeichnet.

Eine **Klassenoperation** *(class scope operation)* ist eine Operation, die der jeweiligen Klasse zugeordnet ist und nicht auf ein einzelnes Objekt der Klasse angewendet werden kann. Sie wird durch Unterstreichen gekennzeichnet.

Eine **abstrakte Operation** besteht nur aus der Signatur. Sie besitzt keine Implementierung. Abstrakte Operationen werden verwendet, um für Unterklassen eine gemeinsame Schnittstelle zu definieren. In der UML werden abstrakte Operationen kursiv eingetragen oder – z.B. bei handschriftlicher Modellierung – mittels {abstract} gekennzeichnet.

Die **Signatur** *(signature)* einer Operation besteht aus dem Namen der Operation, den Namen und Typen aller Parameter und dem Ergebnistyp.

Operation (Parameterliste) : Ergebnistyp

Für jeden Parameter der Parameterliste gilt:

[in | out | inout] Name: Typ = Anfangswert

Analog zu den Attributen wird auch für Operationen im Entwurf die **Sichtbarkeit** angegeben.

Assoziation

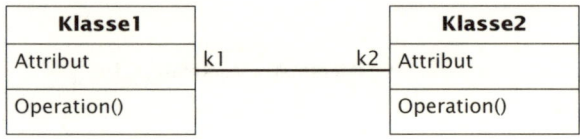

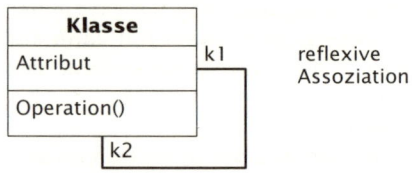

reflexive
Assoziation

Eine **Assoziation** modelliert Verbindungen zwischen Objekten einer oder mehrerer Klassen. Binäre Assoziationen verbinden zwei Objekte. Eine Assoziation zwischen Objekten einer Klasse heißt reflexiv. Jede Assoziation wird durch einen optionalen Assoziationsnamen oder Rollennamen beschrieben. Sie kann um Restriktionen ergänzt werden.

Kardinalität

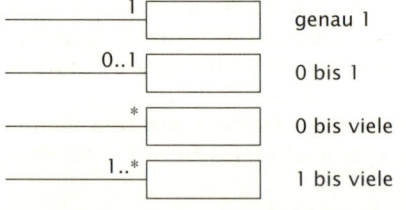

genau 1

0 bis 1

0 bis viele

1 bis viele

Während die Assoziationslinie zunächst nur aussagt, dass sich Objekte der beteiligten Klassen kennen, spezifiziert die **Kardinalität** *wie viele* Objekte ein bestimmtes Objekt kennen kann. Wenn die Kardinalität größer als eins ist, kann die Menge der Objektverbindungen *(links)* geordnet oder ungeordnet sein. Eine vorliegende Ordnung wird durch das Schlüsselwort {ordered} gekennzeichnet, das an ein Ende der Assoziation angetragen wird.

Rollenname

Assoziationen können benannt werden. Der Name beschreibt im Allgemeinen nur eine Richtung der Assoziation, wobei ein schwarzes Dreieck die Leserichtung angibt (Abbildung unter Restriktion). Der Name kann fehlen, wenn die Bedeutung der Assoziation offensichtlich ist. Während der Assoziationsname die Semantik der Assoziation beschreibt, enthält der **Rollenname** Informationen über die Bedeutung einer Klasse – bzw. ihrer Objekte – in der Assoziation. Eine binäre Assoziation besitzt maximal zwei Rollen. Der Rollenname wird jeweils an ein Ende der Assoziation geschrieben, und zwar bei der Klasse, deren Bedeutung in der Assoziation sie näher beschreibt.

Bei Assoziationen kann zusätzlich die **Sichtbarkeit** *(visibility)* angegeben werden. Hierzu wird der Rollenname – analog zu den Attributen – um +, – , # oder ~ ergänzt.

Restriktionen

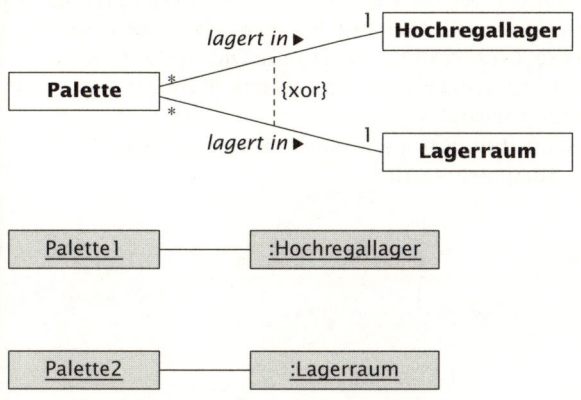

Assoziationen können um **Restriktionen** *(constraints)* ergänzt werden. Die UML bietet einige Standard-Restriktionen (z.B. {xor}) an. Außerdem ist eine freie Formulierung möglich.

Die *xor*-Restriktion sagt aus, dass eine Palette zu einem Zeitpunkt entweder mit einem Objekt von Hochregallager oder von Lagerraum in Verbindung steht. Allgemein ausgedrückt: Zu jedem beliebigem

Zeitpunkt kann nur eine der Assoziationen, die von »Palette« ausgehen, gelten. Beachten Sie, dass bei dieser Modellbildung (Kardinalität = 1) für jede Palette eine Verbindung zu einem Lager aufgebaut werden muss. Soll diese sofortige Zuordnung nicht erfolgen, dann ist die Kardinalität 0..1 zu wählen.

Assoziative Klasse

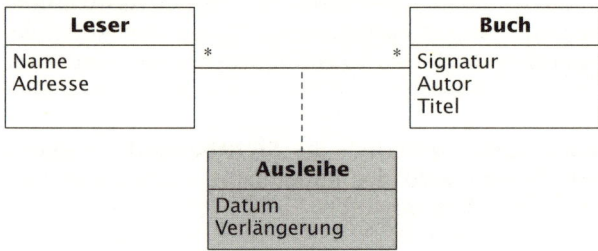

Besitzt eine Assoziation selbst wieder Attribute und ggf. Operationen und Assoziationen zu anderen Klassen, dann wird sie zur **assoziativen Klasse** (*association class*). Zur Darstellung wird ein Klassensymbol verwendet, das über eine gestrichelte Linie mit der Assoziation verbunden wird.

Assoziative Klassen können nach einem festen Schema in »normale« Klassen transformiert werden.

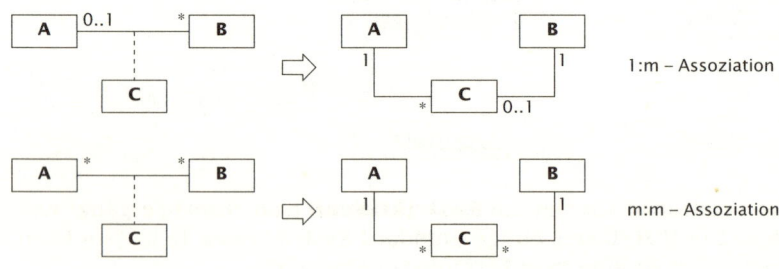

Qualifikationsangabe

Die **Qualifikationsangabe** *(qualifier)* ist ein spezielles Attribut der Assoziation, dessen Wert ein oder mehrere Objekte auf der anderen Seite der Assoziation selektiert. Die Qualifikationsangabe zerlegt die Menge der Objekte am anderen Ende der Assoziation in Teilmengen. In einem Katalog selektiert jede Bestellnummer genau einen Artikel. Es gibt jedoch Bestellnummern, zu denen kein Artikel existiert.

Aggreation und Komposition

Die UML unterscheidet drei Arten der Assoziation:

- einfache Assoziation,
- Aggregation und
- Komposition.

Eine **Aggregation** *(shared aggregate)* liegt vor, wenn zwischen den Objekten der beteiligten Klassen eine *whole-part*-Beziehung besteht. Das Teilobjekt (z.B. Kapitel) kann in mehreren Aggregatobjekten (z.B. Hypertext-Büchern) enthalten sein.

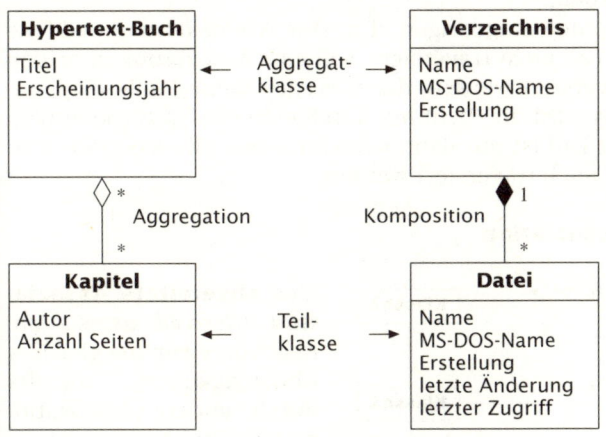

Die **Komposition** *(composite aggregate)* bildet die starke Form der Aggregation.

Zusätzlich zur *whole-part*-Beziehung muss gelten:

- Jedes Teilobjekt kann – zu einem Zeitpunkt – nur zu einem Aggregatobjekt gehören. Ein Teil darf jedoch auch einem anderen Aggregatobjekt zugeordnet werden. Beispielsweise kann jede Datei nur in einem Verzeichnis enthalten sein, aber zwischen verschiedenen Verzeichnissen hin- und hergeschoben werden.
- Das Aggregatobjekt ist verantwortlich für seine Teile. Wird beispielsweise ein Verzeichnis kopiert oder gelöscht, dann werden auch alle darin enthaltenen Dateien kopiert oder gelöscht.

Navigation

Die **Navigation** *(navigability)* legt im Entwurf fest, ob eine Assoziation uni- oder bidirektional implementiert wird.

Die Richtung, in der die Assoziation realisiert werden muss, wird im Klassendiagramm mit einer Pfeilspitze gekennzeichnet. Eine Assoziation kann keinen, einen oder zwei Pfeile besitzen.

Eine der folgenden Konventionen sollte im gesamten OOD-Modell eingehalten werden:

Alle Pfeile werden eingetragen, d.h. eine Assoziation ohne Pfeile wird in diesem Fall nicht traversiert. Soll eine Assoziation in beiden Richtungen traversiert werden, dann werden keine Pfeile eingetragen. Andernfalls wird die Richtung durch eine Pfeilspitze kenntlich gemacht. Dieser Fall ist nur dann sinnvoll, wenn alle Assoziationen des Diagramms auch traversiert werden.

Abgeleitete Assoziation

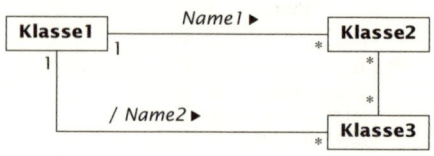

Eine **abgeleitete Assoziation** *(derived association)* liegt vor, wenn die gleichen Abhängigkeiten bereits durch andere Assoziationen beschrieben werden.

Vererbung

Die **Vererbung** *(generalization)* beschreibt eine Beziehung zwischen einer allgemeinen Klasse (Basisklasse) und einer spezialisierten Klasse. Die spezialisierte Klasse ist vollständig konsistent mit der Basisklasse, enthält aber zusätzliche Informationen (Attribute, Operationen, Assoziationen). Ein Objekt der spezialisierten Klasse kann überall dort verwendet werden, wo ein Objekt der Basisklasse erlaubt ist. Man spricht von einer **Klassenhierarchie** oder einer **Vererbungsstruktur**. Die allgemeine Klasse wird auch als **Oberklasse** *(super class)*, die spezialisierte als **Unterklasse** *(sub class)* bezeichnet. Das Konzept der Vererbung ist nicht nur gedacht, um gemeinsame Eigenschaften und Verhaltensweisen zusammenzufassen, sondern sie muss immer auch eine Generalisierung bzw. Spezialisierung darstellen, d.h. jedes Objekt der Unterklasse »ist ein« Objekt der Oberklasse.

Abstrakte Klasse
Abstrakte Klassen werden durch einen kursiv geschriebenen Namen gekennzeichnet. Sie können alternativ oder zusätzlich im Namensfeld der Klasse als {abstract} spezifiziert werden.

Von einer abstrakten Klasse können keine Objekte erzeugt werden. Sie spielt eine wichtige Rolle in Vererbungsstrukturen, wo sie die Gemeinsamkeiten einer Gruppe von Unterklassen definiert. Damit eine abstrakte Klasse verwendet werden kann, muss von ihr zunächst eine Unterklasse abgeleitet werden.

Eine abstrakte Klasse kann auf zwei verschiedene Arten konzipiert werden:

- Mindestens eine Operation ist eine abstrakte Operation.

■ Alle Operationen können – wie auch bei einer konkreten Klasse – vollständig spezifiziert bzw. implementiert werden. Es ist jedoch nicht beabsichtigt, von dieser Klasse Objekte zu erzeugen.

Was wird vererbt?

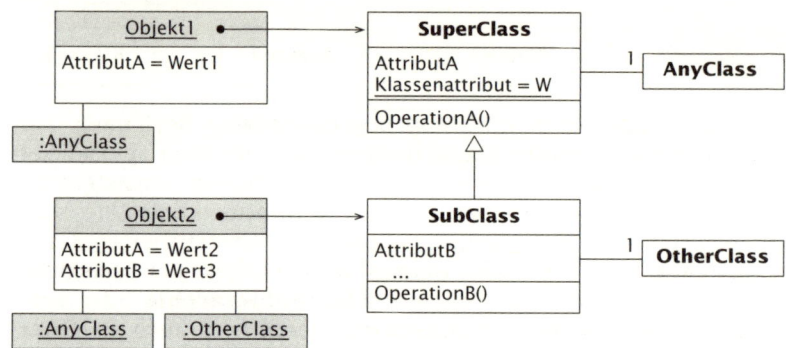

■ Besitzen alle Objekte von SuperClass ein Attribut A, dann besitzen es auch alle Objekte von SubClass. Auch die Spezifikation des Attributs A hat in der Unterklasse Gültigkeit. Der Wert von AttributA wird hingegen nicht vererbt.

■ Alle Operationen, die auf Objekte von SuperClass angewendet werden können, sind auch auf Objekte von SubClass anwendbar. Analoges gilt für Klassenoperationen.

■ Besitzt SuperClass ein Klassenattribut mit dem Wert W, so besitzt auch SubClass dieses Klassenattribut mit dem Wert W.

■ Existiert eine Assoziation zwischen SuperClass und einer Klasse AnyClass, dann wird diese Assoziation an SubClass vererbt.

■ Auf Objekte von SubClass können OperationA und OperationB angewendet werden.

Diskriminator

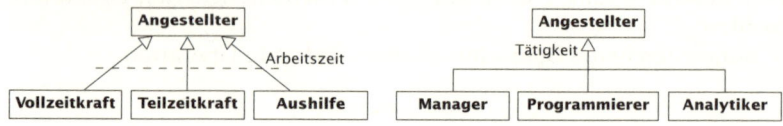

Eine Vererbung kann zusätzlich durch einen **Diskriminator** *(discriminator)* bzw. ein Unterscheidungsmerkmal beschrieben werden.
Er gibt an, nach welchem Kriterium eine Vererbungsstruktur erstellt wird. Die Unterklassen einer Oberklasse können verschiedene Diskriminatoren besitzen, die an die jeweiligen Vererbungspfeile angetragen werden. Besitzen alle Vererbungspfeile dasselbe Unterscheidungsmerkmal, dann bilden die Unterklassen eine homogene Spezialisierung.

Paket

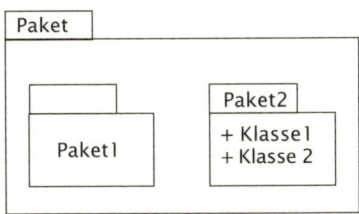

Ein **Paket** *(package)* fasst Modellelemente (z.B. Klassen) zusammen. Ein Paket kann selbst Pakete enthalten. Das Konzept des Pakets wird benötigt, um die Elemente des Modells zu gruppieren und die Systemstruktur auf einer hohen Abstraktionsebene zu beschreiben.

Ein Paket wird als Rechteck mit einem Reiter dargestellt. Wird der Inhalt des Pakets nicht gezeigt, dann wird der Paketname in das Rechteck geschrieben. Andernfalls wird der Paketname in den Reiter eingetragen. Jedes Paket definiert einen Namensraum *(namespace)* für alle in ihm enthaltenen Modellelemente. Pakete werden in der UML im Klassendiagramm eingetragen.

Für die im Paket enthaltenen Elemente, z.B. die Klassen, kann die **Sichtbarkeit** *(visibility)* angegeben werden. Auch hier wird zwischen + für *public,* # für *protected ,* – für *private* und ~ für *package* unterschieden.

Jedes Element kann nur zu einem einzigen Paket gehören. Es kann jedoch Elemente in anderen Paketen referenzieren, vorausgesetzt, dass die Elemente eine entsprechende Sichtbarkeit besitzen. Beispielsweise sind *public*-Klassen innerhalb eines Pakets für alle anderen Pakete zugreifbar, wenn eine entsprechende Abhängigkeit existiert. Diese **Abhängigkeit** *(dependency)* wird durch einen gestrichelten Pfeil mit den Stereotypen «access» oder «import» spezifiziert. Bei der *access*-Abhängigkeit muss beim Zugriff auf Ele-

17

mente von Paket2 zusätzlich der Paketname angegeben werden (Pfadname), z.B. Paket2::Klasse. Besteht zwischen Paket1 und Paket3 eine Abhängigkeit, die durch «import» gekennzeichnet ist, dann gilt die *access*-Abhängigkeit und zusätzlich werden die Namen aller sichtbaren Elemente von Paket3 in Paket1 übernommen, d.h. für die Zugriffe auf Elemente von Paket3 muss kein Pfadname mehr angegeben werden.

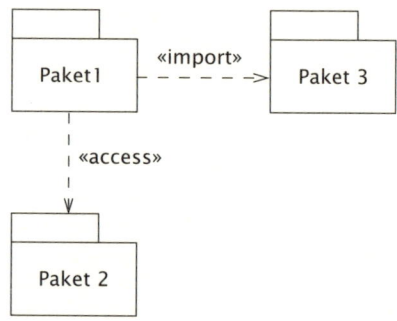

UML-Diagramme

Klassendiagramm

Das **Klassendiagramm** (class diagram) stellt die Klassen mit Attributen und Operationen, die Vererbung und die Assoziationen zwischen Klassen dar. Außerdem können Pakete und ihre Abhängigkeiten im Klassendiagramm modelliert werden.

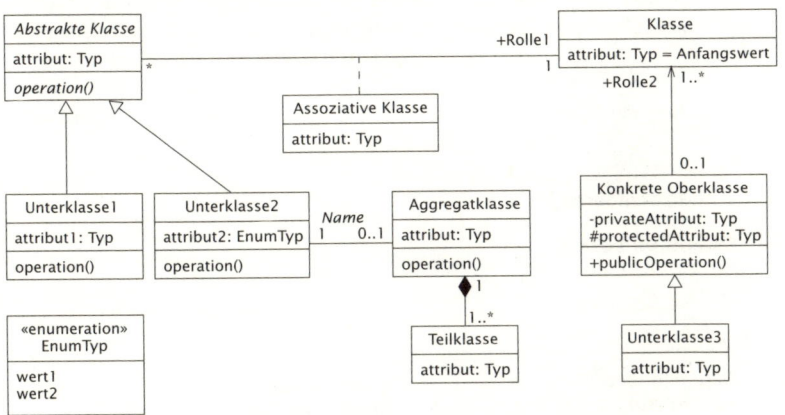

Use Case-Diagramm

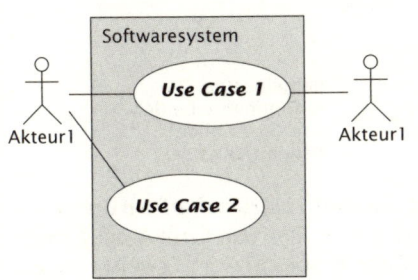

Ein ***Use Case*** (use case) beschreibt die Funktionalität des Softwaresystems, die ein Akteur ausführen muss, um ein gewünschtes Ergebnis zu erhalten oder um ein Ziel zu erreichen. *Use Cases* sollen es ermöglichen, mit dem zukünftigen Benutzer über die Funktionalität des Softwaresystems zu sprechen, ohne sich gleich in Details zu verlieren.

19

Ein **Akteur** *(actor)* ist eine Rolle, die ein Benutzer des Software-systems spielt. Akteure können Menschen oder auch andere auto-matisierte Systeme sein. Sie befinden sich stets außerhalb des Systems.

Das ***Use Case*-Diagramm** *(use case diagram)* gibt auf hohem Abstraktionsniveau einen guten Überblick über das Softwaresystem und seine Schnittstellen zur Umgebung. Die Akteure werden als Strichmännchen eingetragen, die *Use Cases* als Ovale. Eine Linie zwi-schen Akteur und *Use Case* bedeutet, dass eine Kommunikation stattfindet. Die *Use Cases* können optional in ein Rechteck eingetra-gen werden, das die Grenze des betrachteten Systems darstellt.

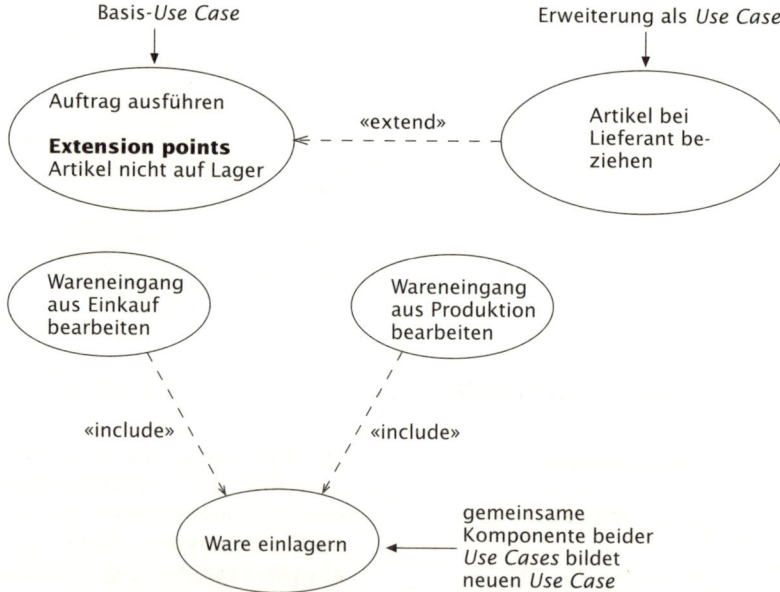

Mit Hilfe der ***extend*-Beziehung** *(extend relationship)* wird ein *Use Case* A durch einen *Use Case* B erweitert. Der *Use Case* A beschreibt die Basisfunktionalität, der *Use Case* B spezifiziert Erweiterungen. Der *Use Case* A kann alleine oder mit den Erweiterungen von B aus-geführt werden.

Die ***include*-Beziehung** *(include relationship)* ermöglicht es, dass die gemeinsame Funktionalität von *Use Cases* A und B durch einen *Use Case* C beschrieben wird. Der *Use Case* C kann niemals allein ausgeführt werden, sondern immer nur als Bestandteil von A oder B.

Sequenzdiagramm

Akteur

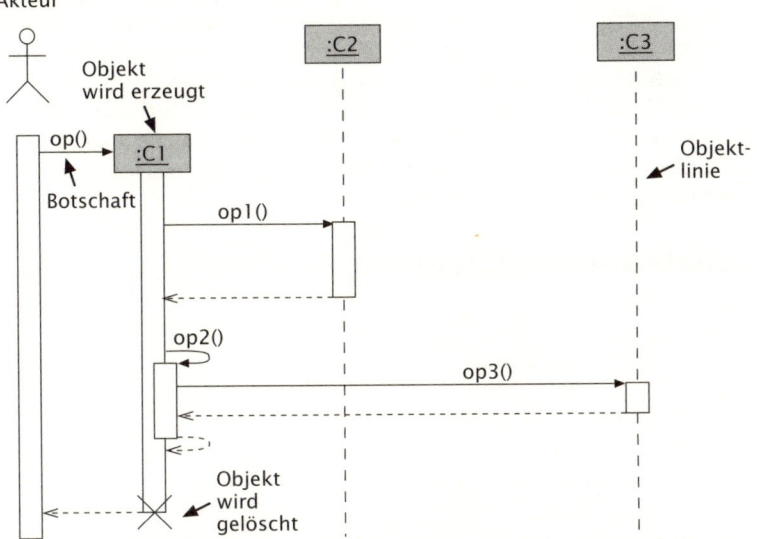

Ein **Sequenzdiagramm** besitzt zwei Dimensionen: die Vertikale repräsentiert die Zeit, auf der Horizontalen werden die Objekte eingetragen. Jedes Objekt wird durch eine gestrichelte Linie im Diagramm – die **Objektlinie** – dargestellt. Sie repräsentiert die Existenz eines Objekts während einer bestimmten Zeit. Die Linie beginnt nach dem Erzeugen des Objekts und endet mit dem Löschen des Objekts. Existiert ein Objekt während der gesamten Ausführungszeit des Szenarios, so ist die Linie von oben nach unten durchgezogen. Am oberen Ende der Linie wird ein **Objektsymbol** angetragen. Wird ein Objekt im Laufe der Ausführung erst erzeugt, dann zeigt eine Botschaft auf dieses Objektsymbol. Das Löschen des

Objekts wird durch ein großes »X« markiert. Die Reihenfolge der Objekte ist beliebig. Sie soll so gewählt werden, dass ein übersichtliches Diagramm entsteht. Bei diesen Objekten handelt es sich im Allgemeinen nicht um spezielle Objekte, sondern um Stellvertreter für beliebige Objekte der angegebenen Klasse. Daher werden sie häufig als anonyme Objekte (d.h. `:Klasse`) bezeichnet.

In das Sequenzdiagramm werden die **Botschaften** eingetragen, die zum Aktivieren der Operationen dienen. Jede Botschaft wird als gerichtete Kante (mit gefüllter Pfeilspitze) vom Sender zum Empfänger gezeichnet. Der Pfeil wird mit dem Namen der aktivierten Operation beschriftet. Die Botschaft aktiviert eine Operation gleichen Namens. Diese wird durch ein schmales Rechteck auf der Objektlinie angezeigt. Nach dem Beenden der Operation zeigt eine gestrichelte Linie mit offener Pfeilspitze, dass der Kontrollfluss zur aufrufenden Operation zurückgeht.

Kollaborationsdiagramm

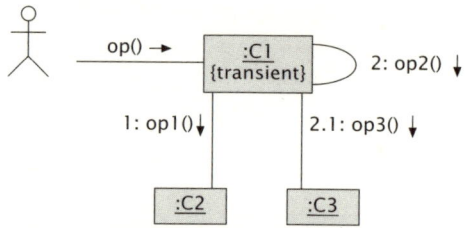

Ein **Kollaborationsdiagramm** *(collaboration diagram)* bildet eine Alternative zum Sequenzdiagramm. Das hier dargestellte Kollaborationsdiagramm modelliert den gleichen Ablauf wie das Sequenzdiagramm der vorherigen Abbildung. Es beschreibt die Objekte und – zusätzlich zum Sequenzdiagramm – die Verbindungen zwischen diesen Objekten. An jede Verbindung *(link)* kann eine Botschaft in Form eines Pfeiles angetragen werden. Im Kollaborationsdiagramm sendet der Akteur die Botschaft op(), die ein Objekt der Klasse C1 erzeugt. Dieses Objekt aktiviert dann zuerst die Operation op1() und dann op2(). Diese Reihenfolge wird durch die Nummerierung ausgedrückt. Die Operation op2() – mit der Nummer 2 – ruft nun ihrerseits die Operation op3() – mit der Nummer 2.1 – auf.

Objekte, die während der Ausführung neu erzeugt werden, sind mit {new}, Objekte, die während der Ausführung gelöscht werden, mit {destroyed} gekennzeichnet. Objekte, die während der Ausführung sowohl erzeugt als auch wieder gelöscht werden, sind {transient}. Analog dazu können Objektverbindungen, die im Laufe der Ausführung erstellt werden mit {new}, gelöschte *links* mit {destroyed} und Verbindungen, die innerhalb des Szenario sowohl auf- als auch abgebaut werden, mit {transient} beschriftet werden.

Sequenzdiagramm vs. Kollaborationsdiagramm
Während Sequenzdiagramme den zeitlichen Aspekt des dynamischen Verhaltens hervorheben, betonen Kollaborationsdiagramme die Verbindungen *(links)* zwischen Objekten. Die Reihenfolge und die Verschachtelung der Operationen werden durch eine hierarchische Nummerierung angegeben. Nachteilig ist, dass dadurch die Reihenfolge weniger deutlich sichtbar ist. Der Vorteil für den Analytiker ist jedoch, dass er sich beim Erstellen des Diagramms nicht gleich auf die Ausführungsreihenfolge festlegen muss, sondern zunächst die Objekte und ihre Kommunikation beschreiben und in einem weiteren Schritt die Reihenfolge hinzufügen kann. Kollaborationsdiagramme eignen sich sehr gut, um die Wirkung komplexer Operationen zu beschreiben.

Zustandsdiagramm

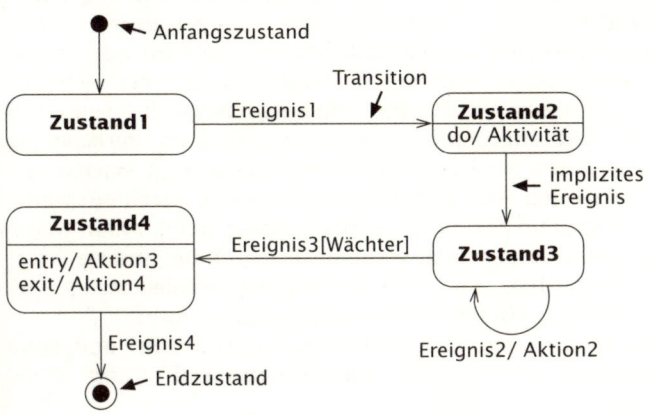

In der Objektorientierung wird das **Zustandsdiagramm** *(state chart diagram)* zur grafischen Darstellung des Zustandsautomaten verwendet.

Ein **Zustandsautomat** *(finite state machine)* besteht aus Zuständen und Zustandsübergängen (Transitionen). Ein Zustand ist eine Zeitspanne, in der ein Objekt auf ein Ereignis wartet, d.h. das Objekt verweilt eine bestimmte Zeit in diesem Zustand. In diesen Zustand gelangt das Objekt durch ein entsprechendes Ereignis. Ein Ereignis tritt immer zu einem Zeitpunkt auf und besitzt keine Dauer. Ein Objekt kann – nacheinander – mehrere Zustände durchlaufen. Zu einem Zeitpunkt befindet es sich in genau einem Zustand. Tritt in einem beliebigen Zustand ein Ereignis ein, so hängt der nächste Zustand sowohl vom aktuellen Zustand als auch vom jeweiligen Ereignis ab. Der Zustand eines Objekts beinhaltet also implizit Informationen, die sich aus den bisher vorgenommenen Eingaben ergeben haben.

Der Name des **Zustands** ist optional. Zustände ohne Namen heißen *anonyme Zustände* und sind alle voneinander verschieden. Ein benannter Zustand kann dagegen – der besseren Lesbarkeit halber – mehrmals in das Diagramm eingetragen werden. Diese Zustände sind alle identisch. Innerhalb eines Zustandsautomaten muss jeder Zustandsname eindeutig sein.

Mit einem Zustand können **Aktionen** oder Aktivitäten verbunden sein. Eine ***entry*-Aktion** ist atomar. Sie wird beim Eintritt in den Zustand – unabhängig davon durch welche Transition der Eintrit in diesen Zustand erfolgt – immer ausgeführt und terminiert selbstständig. Eine ***exit*-Aktion** ist ebenfalls atomar. Sie wird immer ausgeführt, wenn der entsprechende Zustand – durch eine beliebige Transition – verlassen wird. Eine **Aktivität** beginnt, wenn das Objekt den Zustand einnimmt und endet, wenn es ihn verlässt. Sie kann alternativ durch ein Paar von Aktionen, eine zum Starten und eine zum Beenden der Aktivität, beschrieben oder durch ein weiteres Zustandsdiagramm verfeinert werden. Zusätzlich können weitere interne Aktionen angegeben werden, die durch bestimmte Ereignisse aktiviert werden, z.B. `help/zeigeHilfe`. Welche Arten von Ereignissen auftreten können, wird unten näher erläutert.

Jeder Zustandsautomat muss einen Anfangszustand und kann einen Endzustand besitzen. Der **Anfangszustand** *(initial state)* wird durch einen kleinen schwarzen Kreis dargestellt. Es handelt sich um einen Pseudozustand, der mit einem »echten« Zustand durch eine Transition verbunden ist. Diese Transition kann mit einem Ereignis – zum Erzeugen des Objekts – beschriftet sein. Der Anfangszustand ist ein grafisches Hilfsmittel; ein Objekt kann diesen Zustand nicht annehmen, sondern ein neu erzeugtes Objekt befindet sich zunächst in dessen »echten« Folgezustand.

Im **Endzustand** *(final state)* hört ein Objekt auf zu existieren. Aus diesem Zustand führen keine Transitionen heraus. Der Endzustand, der ebenfalls ein Pseudozustand ist, wird durch ein »Bullauge« dargestellt und kann optional beschriftet sein.

Eine **Transition** bzw. ein Zustandsübergang verbindet zwei Zustände. Sie wird durch einen Pfeil dargestellt. Eine Transition kann nicht unterbrochen werden und wird stets durch ein Ereignis ausgelöst. Man sagt: die Transition »feuert«. Tritt ein Ereignis ein und das Objekt befindet sich nicht in einem Zustand, in dem es darauf reagieren kann, dann wird das Ereignis ignoriert. Meistens ist mit einer Transition ein Zustandswechsel verbunden. Es ist aber auch möglich, dass Ausgangs- und Folgezustand identisch sind. Beachten Sie, dass in einem solchen Fall die *entry-* und *exit-*Aktionen bei jeden neuen Eintritt – in denselben Zustand – ausgeführt werden.

Ein **Ereignis** kann sein:

- eine Bedingung, die wahr wird,
- ein Signal,
- eine Botschaft (Aufruf einer Operation),
- eine verstrichene Zeit *(elapsed time event)* oder
- das Eintreten eines bestimmten Zeitpunkts.

Eine Bedingung ist beispielsweise: when(Temperatur > 100 Grad). Die zugehörige Transition feuert, wann immer diese Bedingung wahr wird. Signale und Botschaften sind durch die Notation nicht unterscheidbar. Sie werden durch einen Namen beschrieben und können Parameter besitzen, z.B. rechte Maustaste gedrückt (Mausposition).

Eine Transition kann mit einem **Wächter** *(guard condition)* beschriftet sein. Es handelt sich um einen logischen Ausdruck, der ausgewertet wird, wenn das zugehörige Ereignis eintritt. Nur wenn die spezifizierte Bedingung erfüllt ist, feuert die Transition.

Aktivitätsdiagramm

Das **Aktivitätsdiagramm** *(activity diagram)* ist ein Ablaufdiagramm, mit dem die einzelnen Schritte in einem *Use Case* oder allgemein in jedem Arbeitsablauf grafisch modelliert werden können. Es ist besonders gut dafür geeignet, komplexe *Workflows* übersichtlich darzustellen.

Außer dem sequenziellen Ablauf und einer Verzweigung des Kontrollflusses entsprechend angegebener Bedingungen *(guard conditions)* kann auch modelliert werden, dass die Reihenfolge einzelner Verarbeitungsschritte – den Aktivitäten – beliebig ist. Bei einer

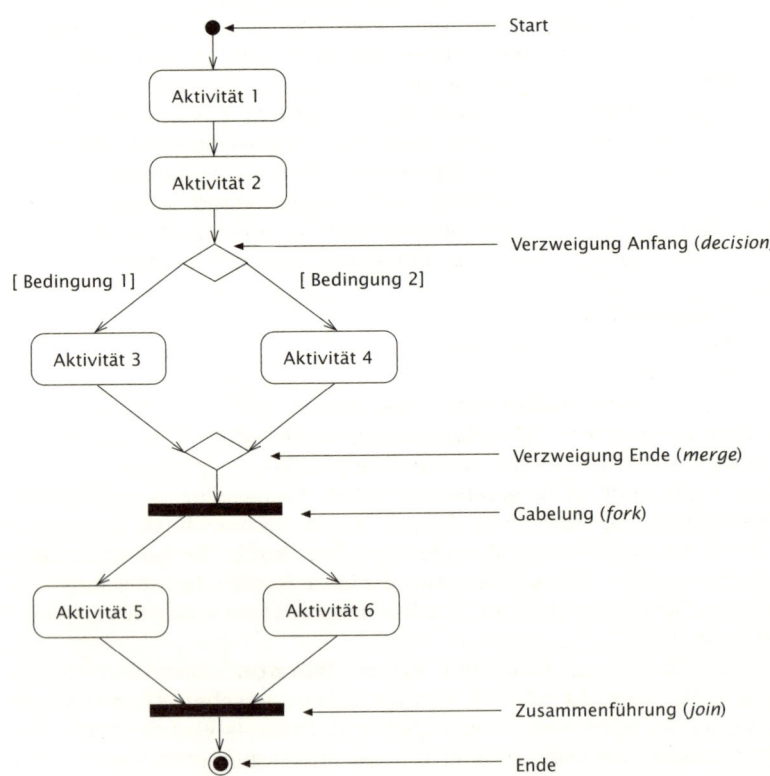

Gabelung *(fork)* verzweigt der Kontrollfluss in mehrere Pfade. Sie hat immer einen Eingangs- und mehrere Ausgangspfeile. Eine Zusammenführung *(join)* vereinigt die Kontrollflüsse wieder. Dementsprechend besitzt sie mehrere Eingangspfeile und einen Ausgangspfeil. Gabelungen und Zusammenführungen werden durch den Synchronisationsbalken *(synchronization bar)* dargestellt. Besitzt ein Synchronisationsbalken mehrere Eingangs- und Ausgangspfeile, dann handelt es sich um eine Kombination von *join* und *fork*.

Diagramme für die Implementierung

Eine **Komponente** *(component)* ist ein physischer und austauschbarer Teil eines Systems, der bestimmte Schnittstellen *(interfaces)* realisiert.

Ein **Komponentendiagramm** *(component diagram)* zeigt die Abhängigkeiten zwischen Komponenten. Beispielsweise wird die Abhängigkeit zwischen Komponente1 und der Schnittstelle2 der Komponente2 durch einen gestrichelten Pfeil dargestellt.

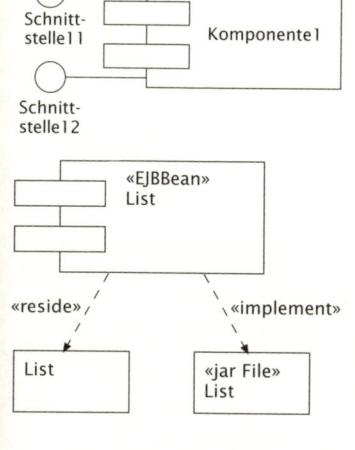

Außerdem können im Komponentendiagramm Abhängigkeiten zu modellierten Klassen und Artefakten beschrieben werden. Die gestrichelte Linie mit dem Stereotypen «reside» beschreibt, auf welche modellierte Klasse sich die Komponente List bezieht und die Abhängigkeit mit dem Stereotypen «implement» spezifiziert, in welche Auslieferungseinheit (Artefakt) die Komponente umgesetzt wird.

Zur Darstellung der physischen Verteilung der ausführbaren Komponenten auf Computersystemen enthält die UML das Element **Knoten** *(node)*. Ein Knoten ist ein Betriebsmittel, das Verarbeitungs- und/oder Speicherkapazität zur Verfügung stellt (z.B. ein Computer, der als Server arbeitet). Er wird durch einen dreidimensional erscheinenden rechteckigen Kasten repräsentiert. Die auf dem Knoten liegenden Komponenten werden innerhalb des Kastens dargestellt. Ein Diagramm, das zeigt, welche Komponenten auf welchem Knoten liegen und die Abhängigkeiten zwischen den Knoten darstellt, wird in der UML als **Deployment Diagram** bezeichnet.

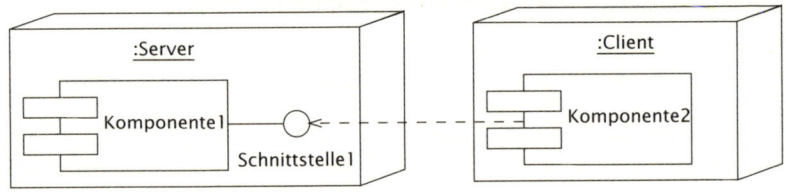

Analysemuster

Ein **Analysemuster** ist eine Gruppe von Klassen mit feststehenden Verantwortlichkeiten und Interaktionen. Es kann eine Gruppe von Klassen sein, die durch Beziehungen verknüpft ist, oder eine Gruppe von kommunizierenden Objekten.

Die nachfolgenden Analysemuster unterstützen insbesondere Einsteiger beim Erstellen der Klassendiagramme.

Liste

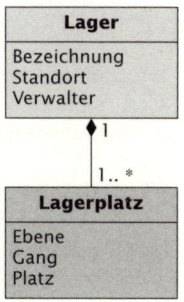

Die Informationen eines Lagers und seiner einzelnen Lagerplätzen lassen sich als Liste visualisieren. Ein Lagerplatz kann nicht ohne Lager existieren. Es macht vom Problem her auch keinen Sinn, ihn einem anderen Lager zuzuordnen. Die Attributwerte des Lagers gelten ebenfalls für jeden Lagerplatz. Ist beispielsweise das Lager gekühlt, dann ist auch jeder Lagerplatz gekühlt.

Eine ähnliche Problemstellung kommt in vielen Anwendungsbereichen immer wieder vor und wird als Komposition modelliert.

Eigenschaften

- Es liegt eine Komposition vor.
- Ein Ganzes besteht aus gleichartigen Teilen, d.h. es gibt nur eine Teil-Klasse.
- Teil-Objekte bleiben einem Aggregat-Objekt fest zugeordnet. Sie können jedoch gelöscht werden, bevor das Ganze gelöscht wird.
- Die Attributwerte des Aggregat-Objekts gelten auch für die zugehörigen Teil-Objekte.
- Das Aggregat-Objekt enthält mindestens ein Teil-Objekt, d.h. die Kardinalität ist 1..*.

Exemplartyp

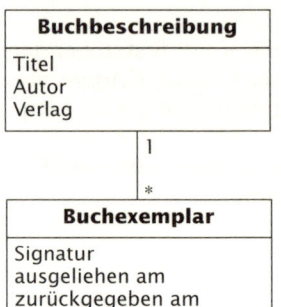

Von einem Buch sind mehrere Exemplare zu verwalten. Würde diese Problemstellung durch eine einzige Klasse Buch modelliert, dann würden mehrere Objekte bei Titel, Autor und Verlag identische Attributwerte besitzen. Eine sachgerechtere Modellierung ergibt sich, wenn die gemeinsamen Attributwerte mehrerer Buchexemplare in einem neuen Objekt *Buchbeschreibung* zusammengefasst werden.

Eigenschaften

- Es liegt eine einfache Assoziation vor, denn es besteht keine *whole-part*-Beziehung.
- Erstellte Objektverbindungen werden nicht verändert. Sie werden nur gelöscht, wenn das betreffende Exemplar entfernt wird.
- Der Name der neuen Klasse enthält oft Begriffe wie Typ, Gruppe, Beschreibung, Spezifikation.
- Eine Beschreibung kann – zeitweise – unabhängig von konkreten Exemplaren existieren. Daher ist die Kardinalität im Allgemeinen *many*.
- Würde auf die neue Klasse verzichtet, so würde als Nachteil lediglich die redundante »Speicherung« von Attributwerten auftreten.

Baugruppe

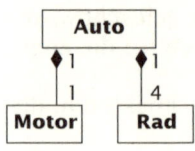

Es soll ausgedrückt werden, dass jedes Auto exakt einen Motor und vier Räder haben soll. Da es sich hier um physische Objekte handelt, liegt ein physisches Enthaltensein vor, das mittels einer Komposition modelliert wird. Wenn ein Auto verkauft wird, dann gehören Motor und Räder dazu. Die Zuordnung der Teile zu ihrem Ganzen bleibt normalerweise über einen längeren Zeitraum bestehen. Der Motor kann jedoch durch ein neuen Motor ersetzt werden und der alte Motor in ein anderes Objekt eingebaut werden.

Eigenschaften
- Es handelt sich um physische Objekte.
- Es liegt eine Komposition vor.
- Objektverbindungen bestehen meist über eine längere Zeit. Ein Teil-Objekt kann jedoch von seinem Aggregat-Objekt getrennt werden und einem anderen Ganzen zugeordnet werden.
- Ein Ganzes kann aus unterschiedlichen Teilen bestehen.

Stückliste

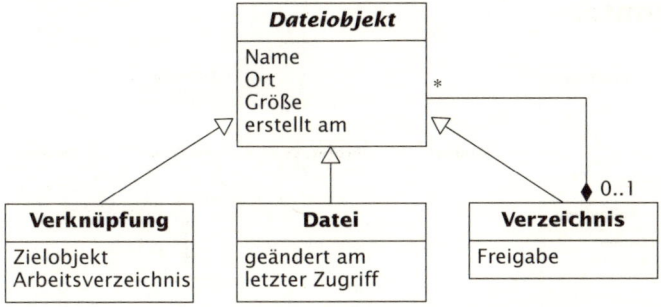

Es soll modelliert werden, dass ein Verzeichnis Verknüpfungen, Dateien und weitere Verzeichnisse enthalten kann. Dabei sollen sowohl das Verzeichnis und alle darin enthaltenen Objekte als Einheit, als auch jedes dieser Objekte einzeln behandelt werden können. Wird beispielsweise das Verzeichnis kopiert, dann sollen alle darin enthaltenen Dateiobjekte kopiert werden. Wird das Verzeichnis gelöscht, dann werden auch alle seine Teile gelöscht. Ein Dateiobjekt kann jedoch vorher einem anderen Verzeichnis zugeordnet werden.

Eigenschaften

■ Es liegt eine Komposition vor.

■ Das Aggregat-Objekt und seine Teil-Objekte müssen sowohl als Einheit als auch einzelnen behandelt werden können.

■ Teil-Objekte können anderen Aggregat-Objekten zugeordnet werden.

■ Die Kardinalität bei der Aggregat-Klasse ist 0..1.

■ Ein Objekt der Art A kann sich aus mehreren Objekten der Arten A, B und C zusammensetzen.

■ Der Sonderfall der Stückliste liegt vor, wenn ein Stück nicht aus Objekten unterschiedlicher Art, sondern nur aus einer einzigen Art besteht.

Koordinator

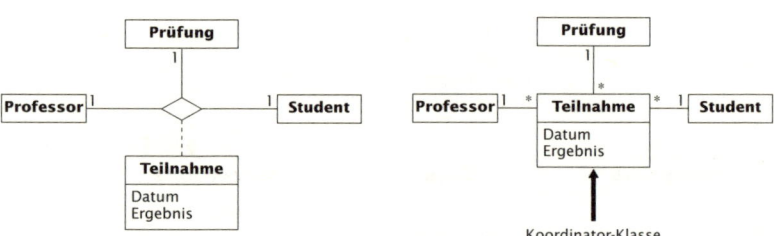

Bei der Modellierung einer Prüfungsteilnahme verbindet eine ternäre Assoziation (Assoziation zwischen drei Klassen) Objekte der Klassen Professor, Prüfung und Student und »merkt« sich Informationen über eine abgelegte Prüfung in der assoziativen Klasse Teilnahme. Diese ternäre Assoziation kann wie abgebildet in binäre Assoziationen und eine Koordinator-Klasse aufgelöst werden. Für eine Koordinator-Klasse ist typisch, dass sie oft selbst nur wenige Attribute und Operationen besitzt, sondern sich vor allem merkt »wer wen kennt«.

Eigenschaften

- Es liegen einfache Assoziationen vor.
- Die Koordinator-Klasse ersetzt eine n-äre (n >= 2) Assoziation mit assoziativer Klasse.
- Die Koordinator-Klasse besitzt kaum Attribute/Operationen, sondern mehrere Assoziationen zu anderen Klassen, im Allgemeinen zu genau einem Objekt jeder Klasse.

Rollen

{ Zuhörer ≠ Vortragender}

Zu einem Tutorium sind Vortragende und Zuhörer zu verwalten. Dabei kann ein Referent sowohl Vortragender als auch Zuhörer von Tutorien sein. Mit anderen Worten: der Referent spielt – zur selben Zeit – in Bezug auf die Klasse Tutorium mehrere Rollen. Diese Problemstellung kommt relativ häufig vor und kann wie abgebildet modelliert werden. Würden anstelle der Klasse Referent die Klassen Vortragender und Zuhörer verwendet, dann hätten beide Klassen dieselben Attribute (und Operationen). Außerdem könnte nicht modelliert werden, dass ein bestimmtes Referent-Objekt sowohl Vortragender als auch Zuhörer – bei anderen Tutorien – ist.

Eigenschaften

- Zwischen zwei Klassen existieren zwei oder mehrere einfache Assoziationen.
- Ein Objekt kann – zu einem Zeitpunkt – in Bezug auf die Objekte der anderen Klasse verschiedene Rollen spielen.
- Objekte, die verschiedene Rollen spielen können, besitzen unabhängig von der jeweiligen Rolle die gleichen Eigenschaften und gegebenenfalls gleiche Operationen.

Wechselnde Rollen

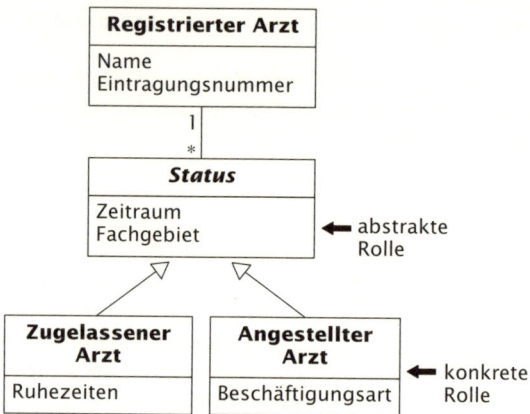

Es soll modelliert werden, dass ein kassenärztlich registrierter Arzt im ersten und zweiten Halbjahr 1998 in unterschiedlichen Praxen jeweils eine Tätigkeit als angestellter Arzt ausübt, bevor er am 1.1.1999 seine Zulassung erhält. Für angestellte Ärzte sind teilweise andere Informationen zu speichern als für die Zugelassenen. Im Gegensatz zum Rollen-Muster spielt der registrierte Arzt während eines Zeitraums verschiedene Rollen. Da es hier darum geht, Informationen über einen Zeitraum zu festzuhalten, werden neue ärztliche Tätigkeiten und deren Objektverbindungen zu Registrierter Arzt immer nur hinzugefügt.

Eigenschaften

- Ein Objekt der realen Welt kann zu verschiedenen Zeiten verschiedene Rollen spielen. In jeder Rolle kann es unterschiedliche Eigenschaften (Attribute, Assoziationen) und Operationen besitzen.
- Die unterschiedlichen Rollen werden mittels Vererbung modelliert.
- Objektverbindungen zwischen dem Objekt und seinen Rollen werden nur erweitert, d.h. weder gelöscht noch zu anderen Objekten aufgebaut.

Historie

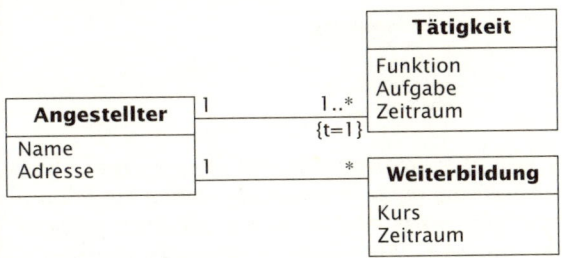

Für einen Angestellten sollen alle Tätigkeiten, die er während der Zugehörigkeit zu einer Firma ausübt, festgehalten werden. Dabei darf zu jedem Zeitpunkt nur eine aktuelle Tätigkeit gültig sein. Außerdem sind alle Weiterbildungskurse, die er im Laufe seiner Firmenzugehörigkeit besucht, aufzuzeichnen. Diese Problemstellung wird durch einfache Assoziationen modelliert. Für jede Tätigkeit und jede Weiterbildung wird der Zeitraum eingetragen. Die Restriktion {t=1} spezifiziert, dass ein Angestellter zu einem Zeitpunkt genau eine Tätigkeit ausübt. Wenn alle Tätigkeiten und Weiterbildungen gespeichert sein sollen, dann bedeutet dies, dass die aufgebauten Verbindungen zu Tätigkeit und Weiterbildung bestehen bleiben bis der Angestellte die Firma verlässt und seine Daten gelöscht werden.

Eigenschaften

- Es liegt eine einfache Assoziation vor.
- Für ein Objekt sind mehrere Vorgänge bzw. Fakten zu dokumentieren.
- Für jeden Vorgang bzw. jedes Faktum ist der Zeitraum festzuhalten.
- Aufgebaute Objektverbindungen zu den Vorgängen bzw. Fakten werden nur erweitert.
- Die zeitliche Restriktion {t=k} (k = gültige Kardinalität) sagt aus, was zu einem Zeitpunkt gelten muss. Bei dieser Restriktion handelt es sich um eine UML-Erweiterung.

Gruppe

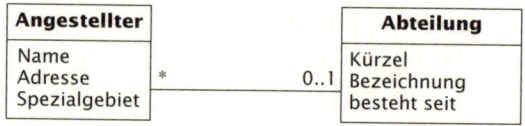

Es soll modelliert werden, dass mehrere Angestellte zu einer Abteilung gehören. Da die Abteilung auch – kurzfristig – ohne zugehörige Angestellte existieren soll, wird die *many*-Kardinalität gewählt. Wenn ein Angestellter aus einer Abteilung ausscheidet, dann wird die entsprechende Objektverbindung getrennt.

Eigenschaften
- Es liegt eine einfache Assoziation vor.
- Mehrere Einzel-Objekte gehören – zu einem Zeitpunkt – zum selben Gruppen-Objekt.
- Es ist jeweils zu prüfen, ob die Gruppe – zeitweise – ohne Einzel-Objekte existieren kann oder ob sie immer eine Mindestanzahl von Einzel-Objekten enthalten muss.
- Objektverbindungen können auf- und abgebaut werden.

Gruppenhistorie

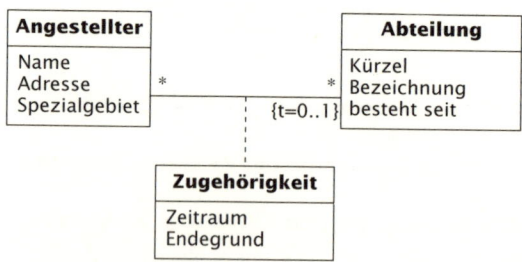

Soll die Zugehörigkeit zu einer Gruppe nicht nur zu einem Zeitpunkt, sondern über einen Zeitraum festgehalten werden, dann ist die Problemstellung wie angegeben zu modellieren. Für jeden Angestellten wird festgehalten, über welchen Zeitraum er zu einer Abteilung gehört hat. Die Restriktion {t=0..1} sagt aus, dass er zu einem Zeitpunkt in maximal einer Abteilung tätig sein kann. Wenn ein Angestellter eine Abteilung verlässt, dann wird dies durch die Attributwerte im entsprechenden Objekt von Zugehörigkeit beschrieben.

Eigenschaften

- Ein Einzel-Objekt gehört – im Laufe der Zeit – zu unterschiedlichen Gruppen-Objekten.
- Die Historie wird mittels einer assoziativen Klasse modelliert. Dadurch ist die Zuordnung zwischen Einzel-Objekten und Gruppen deutlich sichtbar.
- Die zeitliche Restriktion {t=k} (k = gültige Kardinalität) sagt aus, was zu einem Zeitpunkt gelten muss.
- Da Informationen über einen Zeitraum festzuhalten sind, bleiben erstellte Objektverbindungen bestehen und es werden nur Verbindungen hinzugefügt.

Checklisten

Vorgehensweise

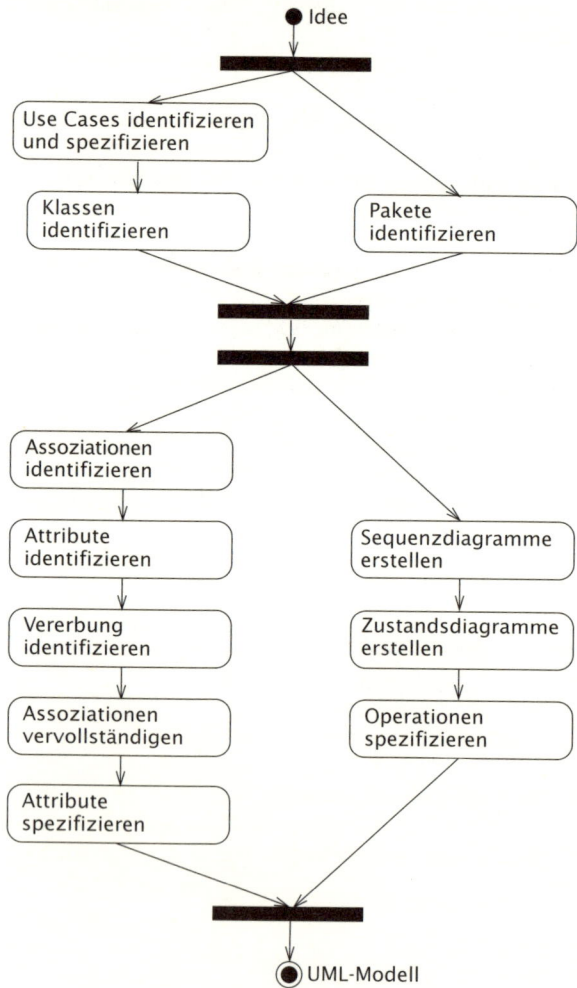

Checkliste *Use Case*

Ergebnisse

- **Use-Case-Diagramm**
  Alle *Use Cases* und Akteure identifizieren und modellieren.
- **Use-Case-Spezifikation**
  Alle *Use Cases* sind umgangssprachlich oder mittels Schablone beschrieben. Der Inhalt der Schablone wird nach dieser Checkliste behandelt.

Konstruktive Schritte

1 Welche Akteure lassen sich ermitteln?

- Personen, die bestimmte Arbeitsabläufe mit dem Softwaresystem ausführen.
- Schnittstellen oder andere Systeme, die mit dem Softwaresystem kommunizieren.

2 Welche Arbeitsabläufe sind mit dem Softwaresystem auszuführen?

- Abgeschlossene Arbeitsabläufe, die von Personen (Akteuren) ausgeführt werden und die dem Akteur ein Ergebnis liefern.
- Für jedes (externe und zeitliche) Ereignis, auf das das Softwaresystem reagieren muss, einen *Use Case* definieren.
- Aus den Gesamtzielen des Softwaresystems die zehn wichtigsten Ausgaben ableiten und deren Ziele definieren.

3 Welche Standardverarbeitung ist auszuführen?

- Verarbeitung, die in 80 Prozent aller Fälle auszuführen ist.
- Verarbeitung, die im Idealfall auszuführen ist.
- Verarbeitung, die im einfachsten Fall auszuführen ist.

4 Welche Sonderfälle sind auszuführen?

- Erweiterungen und Alternativen mittels Schablone spezifizieren.
- Aufbauend auf Standardfunktionalität mit *extend* die Sonderfälle modellieren.

5 Lassen sich komplexe *Use Cases* vereinfachen?

- Komplexe Schritte als eigenständige *Use Cases* spezifizieren *(include)*.
- Komplexe *Use Cases* nachträglich in mehrere *Use Cases* zerlegen.
- Umfangreiche Erweiterungen als *Use Cases* spezifizieren *(extend)*.

Analytische Schritte
6 »gute« Beschreibung

- Verständlich für den Auftraggeber.
- Extern wahrnehmbares Verhalten des Softwaresystems.
- Fachliche Beschreibung der auszuführenden Funktionalität.
- Beschreibt Standardfall vollständig und Sonderfälle separat.
- Maximal eine Seite.

7 Sind die *Use Cases* redundanzfrei beschrieben?

- Gemeinsame Verarbeitungsschritte durch separaten *Use Case* modellieren *(include)*.

8 Konsistenz mit Klassendiagramm

- Objektdiagramm erstellen.

9 Fehlerquellen

- Zu kleine und damit zu viele *Use Cases*.
- Zu frühe Betrachtung von Sonderfällen.
- Zu detaillierte Spezifikation.
- Verwechseln von *include*- und *extend*-Beziehung.
- Beschreibung von Benutzerdialogen anstelle reiner Funktionalität.

Use Case-Spezifikation *(use case template)*

Use Case: Name, bestehend aus zwei oder drei Wörtern (was wird getan?).

Ziel: globale Zielsetzung bei erfolgreicher Ausführung des *Use Case*.

Kategorie: primär (notwendig und häufig verwendet), sekundär (notwendig und selten verwendet) oder optional (nützlich, aber nicht notwendig).

Vorbedingung: Der *Use Case* kann nur ausgeführt werden, wenn die Vorbedingung erfüllt ist.

Nachbedingung Erfolg: Die Nachbedingung kann Vorbedingung für einen anderen *Use Case* sein.

Nachbedingung Fehlschlag: Erwarteter Zustand, wenn das Ziel nicht erreicht werden kann.

Akteure: Personen oder andere Systeme, welche die in dem *Use Case* beschriebene Funktionalität ausführen bzw. verwenden.

Auslösendes Ereignis: Wenn dieses Ereignis eintritt, dann wird der *Use Case* initiiert.

Beschreibung: Beschreibung des Standardfalls

1 Erste Aktion

2 Zweite Aktion

Erweiterungen: Erweiterungen des Standardfalls

1a Erweiterung des Funktionsumfangs der ersten Aktion

Alternativen: Alternativen des Standardfalls

1a Alternative Ausführung der ersten Aktion

1b Weitere Alternative zur ersten Aktion

Checkliste Paket

Ergebnisse

■ **Paketdiagramm**

Erstellen eines Paketdiagramms. Jedem Paket werden Modellelemente zugeordnet. Die Abhängigkeiten zwischen den Paketen werden spezifiziert.

Konstruktive Schritte

1 Welche Pakete ergeben sich durch *top-down*-Vorgehen?
Bei großen Anwendungen:

■ Noch vor der Formulierung von *Use Cases* Gesamtsystem in Pakete unterteilen.

■ Umfangreiche Pakete in weitere Pakete zerlegen.

2 Welche Pakete ergeben sich durch *bottom-up*-Vorgehen?
Bei kleinen und mittleren Anwendungen:

■ Klassen unter einem Oberbegriff zusammenfassen.

Analytische Schritte

3 Bildet das Paket eine abgeschlossene Einheit?

■ Es enthält einen Themenbereich, der für sich allein betrachtet und verstanden werden kann.

■ Es enthält Klassen, die logisch zusammengehören, z.B. Artikel, Lieferant und Lager.

■ Es erlaubt eine Betrachtung des Systems auf einer höheren Abstraktionsebene.

■ Vererbungsstrukturen liegen möglichst innerhalb eines Pakets. Wenn nötig, dann nur in vertikaler Richtung durchschneiden, d.h. zu jeder Unterklasse sollen alle Oberklassen in dem Paket enthalten sein.

■ Aggregationen sind *nicht* durchtrennt.

■ Möglichst wenig Assoziationen sind durchtrennt.

4 Ist der Paketname geeignet?

■ Der Inhalt eines Pakets muss mit 25 Worten oder weniger beschreibbar sein.

■ Aus der Beschreibung den Namen ableiten.

5 Fehlerquellen

■ Zu kleine Pakete.

Checkliste Klasse

Ergebnisse

■ **Klassendiagramm**
Jede Klasse – entweder nur mit Namen oder mit wenigen wichtigen Attributen/Operationen – in das Klassendiagramm eintragen.

■ **Kurzbeschreibung der Klassen**
Für jede Klasse, deren Name nicht selbsterklärend ist, eine Kurzbeschreibung von 25 oder weniger Worten erstellen.

Konstruktive Schritte

1 Welche Klassen lassen sich mittels Dokumentanalyse identifizieren *(bottom-up)*?

- Aus Formularen und Listen Attribute entnehmen und zu Klassen zusammenfassen.
- *Reengineering* von Software-Altsystemen: Arbeitsabläufe anhand von Benutzerhandbüchern, Bildschirmmasken, Dateibeschreibungen ermitteln. Anhand des laufenden Systems die ermittelten *Use Cases* ausführen. Klassen mit Hilfe der Bildschirmmasken ermitteln.
- Bei technischen Systemen bieten sich die realen Objekte als Ausgangsbasis an, z.B. Lagermodul.

2 Welche Klassen lassen sich aus der Beschreibung der *Use Cases* identifizieren *(top-down)*?
- Beschreibung nach Klassen durchsuchen. Oft sind Substantive potenzielle Klassen.
- Potenzielle Klassen auf Attribute überprüfen.
- Akteure, über die man sich etwas »merken« muss, sind potenzielle Klassen.

3 Zu welchen Kategorien gehören die Klassen?
a Konkrete Objekte bzw. Dinge, z.B. PKW.
b Personen und deren Rollen, z.B. Kunde, Mitarbeiter, Dozent.
c Informationen über Aktionen, z.B. Banküberweisung durchführen.
d Orte, z.B. Wartezimmer.
e Organisationen, z.B. Filiale.
f Behälter, z.B. Lagerplatz.
g Dinge in einem Behälter, z.B. Reifen in einem Lagerplatz.
h Ereignisse, z.B. Eheschließung.
i Kataloge, z.B. Produktkatalog.
j Verträge, z.B. Autokaufvertrag.

Analytische Schritte
4 Liegt ein aussagefähiger Klassenname vor?
Der Klassenname soll
- der Fachterminologie entsprechen,
- ein Substantiv im Singular sein,
- so konkret wie möglich gewählt werden,
- dasselbe ausdrücken wie die Gesamtheit der Attribute,

- nicht die Rolle dieser Klasse in einer Beziehung zu einer anderen Klasse beschreiben,
- eindeutig im Paket bzw. im System sein und
- nicht dasselbe ausdrücken wie der Name einer anderen Klasse.

5 Ist das gewählte Abstraktionsniveau richtig?
Die Ziele sind *nicht*
- möglichst viele Klassen oder
- Klassen möglichst geringer Komplexität zu identifizieren.

6 Wann liegt keine Klasse vor?
- *Keine* Klassen bilden, um Mengen von Objekten zu verwalten.

7 Fehlerquellen
- Zu kleine Klassen.
- Aus jedem Report eine Klasse modellieren.
- Klasse modelliert Benutzungsoberfläche.
- Klasse modelliert Entwurfs- oder Implementierungsdetails.

Checkliste Assoziation

Ergebnis
- **Klassendiagramm**

Assoziationen im ersten Schritt nur als Linie eintragen. Erst beim Vervollständigen Kardinalitäten, Aggregationen, Kompositionen, Rollen, Namen, Restriktionen hinzufügen.

Konstruktive Schritte
1 Welche Assoziationen lassen sich mittels Dokumentanalyse ableiten?
- Aus Primär- und Fremdschlüsseln ermitteln.

2 Welche Assoziationen lassen sich aus Beschreibungen der *Use Cases* ermitteln?
In den Beschreibungen nach Verben suchen, insbesondere:

a räumliche Nähe (in der Nähe von),   **d** Besitz (hat),
b Aktionen (fährt),   **e** allgemeine Beziehungen
c Kommunikation (redet mit), (verheiratet mit).

3 Liegt eine Assoziation der folgenden Kategorien vor?

- A ist physische Komponente von B.
- A ist logische Komponente von B.
- A ist eine Beschreibung für B.
- A ist eine Zeile einer Liste B.
- A ist ein Mitglied von B.
- A ist eine organisatorische Einheit von B.
- A benutzt B.
- A kommuniziert mit B.
- A besitzt B.

Diese Kategorien können beim Modellieren dazu beitragen, konkretere Fragen zu stellen und mehr Informationen über das Analysemodell zu gewinnen.

4 Welche Restriktionen muss die Assoziation erfüllen?

- Eine Assoziation: {ordered}.
- Mehrere Assoziationen: {or}, {subset}.

Zur Überprüfung und Veranschaulichung Objektdiagramme erstellen.

5 Welche Rollen spielen die beteiligten Klassen?

Je allgemeiner der Klassenname, desto wichtiger der Rollenname!
Rollennamen angeben, wenn

a die Assoziation zwischen Objekten derselben Klasse existiert,
b eine Klasse in verschiedenen Assoziationen auch verschiedene Rolle spielt,
c durch den Rollennamen die Bedeutung der Klasse in der Assoziation genauer spezifiziert werden kann.

Analytische Schritte
6 Ist eine Benennung notwendig oder sinnvoll?

- Notwendig, wenn zwischen zwei Klassen mehrere Assoziationen bestehen.

- Rollennamen (Substantive) sind gegenüber Assoziationsnamen (Verben) zu bevorzugen.
- Rollennamen sind bei reflexiven Assoziationen immer notwendig.

7 Liegt eine 1:1-Assoziation vor?

Zwei Klassen sind zu modellieren, wenn

- die Verbindung in einer oder beiden Richtungen optional ist und sich die Verbindung zwischen beiden Objekten ändern kann,
- es sich um zwei umfangreiche Klassen handelt,
- die beiden Klassen eine unterschiedliche Semantik besitzen.

8 Existieren zwischen zwei Klassen mehrere Assoziationen?

Prüfen, ob die Assoziationen

- eine unterschiedliche Bedeutung besitzen oder/und
- unterschiedliche Kardinalitäten haben.

9 Sind abgeleitete Assoziationen korrekt verwendet?

- Abgeleitete Assoziationen fügen keine neue Information zum Modell hinzu.
- Sie lassen sich leicht mittels Objektdiagrammen erkennen.

10 Soll eine assoziative Klasse oder eine eigenständige Klasse modelliert werden?

- Assoziative Klasse betont die Assoziation zwischen den beteiligten Klassen.
- Assoziative Klassen lassen sich in eigenständige Klassen wandeln.

11 Fehlerquellen

- Verwechseln von Assoziation mit Vererbung.

Checkliste Attribut

Ergebnisse

■ **Klassendiagramm**
Im ersten Schritt für jedes Attribut den Namen in das Klassendiagramm eintragen. Klassenattribute und abgeleitete Attribute kennzeichnen.

■ **Attributspezifikation**
Attribute vollständig spezifizieren. Für komplexe Attribute entsprechende Typen definieren.

Konstruktive Schritte

1 Welche Attribute lassen sich mittels Dokumentanalyse identifizieren?

■ Einfache Attribute sind ggf. zu Datenstrukturen zusammenzufassen.

■ Prüfen, ob alle Attribute wirklich notwendig sind.

■ Für jedes Attribut prüfen, ob es »im Laufe seines Lebens« einen Wert annehmen kann, und ob diese Werte an der Benutzungsoberfläche sichtbar sind.

2 Welche Attribute lassen sich anhand der Beschreibung der *Use Cases* identifizieren?

■ Benötigte Daten zur Ausführung eines *Use Case*.

■ Benötigte Daten für Listenfunktionalität.

3 Wurden geeignete Attributtypen gewählt und u.U. als elementare Klasse beschrieben?

■ Vorgegebene Typen *nur* verwenden, wenn problemadäquat.

■ Attribute beliebigen Typs definieren, um problemadäquate Modellierung auf ausreichendem Abstraktionsniveau zu erreichen.

■ Für komplexe Attribute zur Konstruktion der Typen das Klassenkonzept verwenden (elementare Klassen).

Analytische Schritte
4 Ist der Attributname geeignet?
Der Attributname soll
- kurz, eindeutig und verständlich im Kontext der Klasse sein,
- ein Substantiv oder Adjektiv-Substantiv sein (kein Verb!),
- den Namen der Klasse nicht wiederholen (Ausnahme: feststehende Begriffe),
- bei komplexen (strukturierten) Attributen der Gesamtheit der Komponenten entsprechen,
- nur fachspezifische oder allgemein übliche Abkürzungen enthalten, z.B. PLZ.

5 Klasse oder komplexes Attribut?
- **Klasse:** Objektidentität, gleichgewichtige Bedeutung im System, Existenz unabhängig von der Existenz anderer Objekte, Zugriff in beiden Richtungen grundsätzlich möglich.
- **Attribut:** *keine* Objektidentität, Existenz abhängig von Existenz anderer Objekte, Zugriff immer über das Objekt, untergeordnete Bedeutung.

6 Wurde das richtige Abstraktionsniveau gewählt?
- Wurden komplexe Attribute gebildet?
- Bilden komplexe Attribute geeignete Datenstrukturen?
- Ist die Anzahl der Attribute pro Klasse angemessen?

7 Gehört das Attribut zu einer Klasse oder einer Assoziation?
- Test: Muss das Attribut auch dann zu jedem Objekt der Klasse gehören, wenn die betreffende Klasse isoliert von allen anderen Klassen betrachtet wird?
- Wenn ja, dann gehört das Attribut zu dieser Klasse.
- Wenn nein, dann ist zu prüfen, ob es sich einer Assoziation zuordnen lässt.
- Ist keine Zuordnung möglich, dann spricht viel für eine vergessene Klasse oder Assoziation.

8 Liegen Klassenattribute vor?

Ein Klassenattribut liegt vor, wenn gilt:

- Alle Objekte der Klasse besitzen für dieses Attribut denselben Attributwert.
- Es sollen Informationen über die Gesamtheit der Objekte modelliert werden.

9 Sind Schlüsselattribute fachlich notwendig?

Schlüsselattribute werden nur dann eingetragen, wenn sie – unabhängig von ihrer identifizierenden Eigenschaft – Bestandteil des Fachkonzepts sind.

10 Werden abgeleitete Attribute korrekt verwendet?

- Information ist für den Benutzer sichtbar.
- Lesbarkeit wird verbessert.

11 Wann wird ein Attribut *nicht* eingetragen?

- Es dient ausschließlich zum Identifizieren der Objekte.
- Es dient lediglich dazu, eine andere Klasse zu referenzieren, d.h. es realisiert eine Assoziation.
- Es handelt sich um ein Attribut, das den internen Zustand eines Lebenszyklus beschreibt und außerhalb des Objekts nicht sichtbar ist.
- Es beschreibt Entwurfs- oder Implementierungsdetails.
- Es handelt sich um ein abgeleitetes Attribut, das nur eingefügt wurde, um Rechenzeit zu sparen.

12 Fehlerquellen

- Verwenden atomarer Attribute anstelle von komplexen Datenstrukturen.
- Formulieren von Assoziationen als Attribute (Fremdschlüssel!).

Checkliste Vererbung

Ergebnis

- **Klassendiagramm**

  Alle Vererbungsstrukturen in das Klassendiagramm eintragen. Abstrakte Klassen bilden.

Konstruktive Schritte

1 Ergibt sich durch Generalisierung eine Einfachvererbung (bottom-up)?

■ Gibt es gleichartige Klassen, aus denen sich eine neue Oberklasse bilden lässt?

■ Ist eine vorhandene Klasse als Oberklasse geeignet?

2 Ergibt sich durch Spezialisierung eine Einfachvererbung (top-down)?

■ Kann jedes Objekt der Klasse für jedes Attribut einen Wert annehmen?

■ Kann jede Operation auf jedes Objekt der Klasse angewendet werden?

Analytische Schritte

3 Liegt eine »gute« Vererbungsstruktur vor?

■ Verbessert die Vererbungsstruktur das Verständnis des Modells?

■ Benötigt jede Unterklasse alle geerbten Attribute, Operationen und Assoziationen?

■ Liegt eine Ist-ein-Beziehung vor?

■ Entspricht die Vererbungsstruktur den »natürlichen« Strukturen des Problembereichs?

■ Besitzt sie maximal drei bis fünf Hierarchiestufen?

4 Wann liegt keine Vererbung vor?

■ Die Unterklassen bezeichnen nur verschiedene Arten, unterscheiden sich aber weder in ihren Eigenschaften *noch* in ihrem Verhalten.

Checkliste Kardinalitäten

Ergebnis

■ **Klassendiagramm**
Alle Kardinalitäten in das Klassendiagramm eintragen.

Konstruktive/analytische Schritte

1 Ist ein Schnappschuss ausreichend oder ist die Historie zu modellieren?

Aus den Anfragen an das System ergibt sich, ob
- ein **Schnappschuss** (1- bzw. 0..1-Kardinalität) (Wer hat zur Zeit den roten Mercedes ausgeliehen?) oder
- die **Historie** (*many*-Kardinalität) (Welche Personen haben den roten Mercedes im letzten Jahr ausgeliehen?)

zu modellieren ist.

Während bei einem Schnappschuss eine alte Verbindung gelöst wird, wenn eine neue aufgebaut wird, wird bei der Historie eine neue Verbindung zwischen den jeweiligen Objekten hinzugefügt.

2 Liegt eine Muss- oder Kann-Assoziation vor?

- Bei einer einseitigen Muss-Assoziation (Untergrenze >=1 auf einer Seite) gilt:
Sobald das Objekt A erzeugt ist, muss auch die Beziehung zu dem Objekt B aufgebaut, und B vorhanden sein bzw. erzeugt werden.
- Bei einer wechselseitigen Muss-Beziehung (Untergrenze >=1 auf beiden Seiten) gilt:
Sobald das Objekt A erzeugt ist, muss auch die Beziehung zu dem Objekt B aufgebaut und ggf. das Objekt B erzeugt werden. Wenn das letzte Objekt A einer Beziehung gelöscht wird, dann muss auch Objekt B gelöscht werden.
- Bei einer Kann-Beziehung (Untergrenze = 0) kann die Beziehung zu einem beliebigen Zeitpunkt nach dem Erzeugen des Objekts aufgebaut werden.

3 Enthält die Kardinalität feste Werte?

- Ist eine Obergrenze vom Problembereich her (oft bei technischen Systemen) zwingend vorgegeben (z.B. maximal 6 Roboter pro Montagestation)? Im Zweifelsfall mit variablen Obergrenzen arbeiten.
- Ist die Untergrenze vom Problembereich her zwingend vorgegeben (z.B. mindestens 2 Reifen pro Achse)? Im Zweifelsfall mit »0« arbeiten.
- Gelten besondere Restriktionen für die Kardinalitäten (z.B. eine gerade Anzahl von Reifen pro Achse)?

4 Fehlerquelle

■ Oft werden Muss-Assoziationen verwendet, wo sie *nicht* benötigt werden.

Checkliste Aggregation und Komposition

Ergebnis

■ **Klassendiagramm**
   Alle Aggregationen und Kompositionen in das Klassendiagramm eintragen.

Konstruktive/Analytische Schritte

1 Für eine Komposition gilt:

a Es liegt eine Ist-Teil-von-Beziehung vor.

b Die Kardinalität bei der Aggregatklasse beträgt 0..1 oder 1 *(unshared aggregation, strong ownership)*.

c Die Lebensdauer der Teile ist an die des Ganzen gebunden. Ein Teil darf jedoch zuvor explizit entfernt werden.

d Funktionen des Ganzen (z.B. kopieren) werden automatisch auf seine Teile angewendet.

e Muster bilden eine gute Orientierungshilfe. Dazu gehören

■ Liste (Bestellung – Bestellposition),

■ Baugruppe (Auto – Motor) und

■ Stückliste mit physikalischem Enthaltensein (Verzeichnis – Verzeichnis).

2 Für eine Aggregation gilt:

a Es liegt eine Ist-Teil-von-Beziehung mit *shared aggregation* (ein Teilobjekt kann mehreren Aggregatobjekten zugeordnet werden) vor.

b Sie ist selten.

3 Im Zweifelsfall immer eine einfache Assoziation verwenden.

■ Bei dem geringsten Zweifel an einer Komposition oder Aggregation immer die Assoziation wählen.

4 Fehlerquellen

■ Prinzipiell ist es möglich, jedes Attribut als Klasse zu modellieren und mittels einer Komposition mit der ursprünglichen Klasse zu verbinden. Dies führt jedoch zu schlechten Modellen.

Checkliste Sequenzdiagramm

Ergebnisse

■ **Sequenzdiagramm, Kollaborationsdiagramm**

Für jeden relevanten Weg durch den *Use Case* ist ein Sequenzdiagramm zu erstellen. Alternativ kann ein Kollaborationsdiagramm verwendet werden.

Konstruktive Schritte

1 Aus jedem *Use Case* lassen sich Variationen ableiten

■ Variationen von *Use Cases* ermitteln. Jede Variation führt zu einem unterschiedlichen Ergebnis des *Use Case*.

■ Einige Wege durch den *Use Case* beschreiben fundamentale Funktionalität. Andere Wege beschreiben Ausnahmesituationen und enthalten die weniger oft verwendeten Funktionen.

■ Positive und negative Fälle unterscheiden.

■ Prüfen, welche Wege wichtig sind.

2 Ablauf relevanter Szenarios durch Sequenz- oder Kollaborationsdiagramme beschreiben

■ Beteiligte Klassen ermitteln.

■ Aufgaben in Operationen zerlegen.

■ Reihenfolge der Operationen prüfen.

■ Die UML erlaubt es, im Sequenzdiagramm Bedingungen anzugeben. Damit können mehrere Variationen durch ein einziges Sequenzdiagramm beschrieben werden.

3 Operationen den Klassen zuordnen

■ Werden nur Attribute einer Klasse benötigt, dann ist die Operation dieser Klasse zuzuordnen.

■ Konstruktoren sind der jeweiligen Klasse selbst und bei einer Komposition der Aggregatklasse zuzuordnen.

■ Eine analoge Zuordnung ergibt sich für das Löschen von Objekten.

Analytische Schritte
4 Sind die Empfänger-Objekte erreichbar?
- Assoziation existiert (permanente Verbindung).
- Identität kann dynamisch ermittelt werden (temporäre Verbindung).

5 Ist das Sequenzdiagramm konsistent mit dem Klassendiagramm?
- Alle Klassen sind auch im Klassendiagramm enthalten.
- Mit Ausnahme von impliziten Operationen werden nur Operationen aus dem Klassendiagramm eingetragen.

6 Fehlerquellen
- Beschreibung von Benutzerdialogen anstelle reiner Funktionalität.
- Zu viele Details sind beschrieben.

Checkliste Zustandsdiagramm

Ergebnis
- **Zustandsdiagramm**
  Für jeden nicht-trivialen Lebenszyklus einer Klasse ist ein Zustandsdiagramm zu erstellen.

Konstruktive Schritte
1 Existiert ein nicht-trivialer Lebenszyklus?
- Das gleiche Ereignis kann – in Abhängigkeit vom aktuellen Zustand – unterschiedliches Verhalten bewirken.
- Operationen sind nur in bestimmten Situationen (Zuständen) auf ein Objekt anwendbar und werden sonst ignoriert.
- Auf Lebenszyklus verzichten, wenn seine Beschreibung nichts zum Verständnis der Problematik beiträgt.

2 Welche Zustände enthält das Diagramm?
- Ausgangsbasis ist der Anfangszustand.
- Durch welche Ereignisse wird ein Zustand verlassen? Ereignisse nicht als Botschaften formulieren, sondern umgangssprachlich beschreiben, was »von außen auf das Objekt einwirkt«.

- Welche Folgezustände treten auf?
- Wodurch wird der Zustand definiert (Attributwerte, Objektverbindungen)?

3 Existieren Endzustände?

Es lassen sich lineare Lebenszyklen (mit Anfang und Ende) und zyklische Lebenszyklen (ohne Endzustand) unterscheiden.
Im Endzustand gilt:

- Das Objekt hört auf zu existieren.
- Das Objekt existiert weiterhin, aber sein dynamisches Verhalten ist nicht länger von Interesse (schlafendes Objekt).

4 Welche Operationen besitzt das Objekt?

- Jede zustandsabhängige Operation aus dem Klassendiagramm eintragen.
- Operationen, die in jedem Zustand ausgeführt werden können, nicht eintragen.
- Prüfen, ob weitere Operationen notwendig sind.

5 Sind Operationen als Aktivitäten oder als Aktionen zu modellieren?

- Aktion = atomar, nicht-unterbrechbar (Transition, *entry, exit*).
- Aktivität = fest mit einem Zustand verbunden (Start-Aktion + Beende-Aktion).

6 Welche Ereignisse sind zu modellieren?

- Externe Ereignisse:
  vom Benutzer,
  von anderen Objekten.
- Zeitliche Ereignisse:
  Zeitdauer,
  Zeitpunkt.
- Intern generierte Ereignisse des betrachteten Objekts
- Welche Fehlersituationen können auftreten und wie soll das Objekt darauf reagieren (Ausnahmebehandlung, *exception handling*). Zuerst immer das Normalverhalten und erst im zweiten Schritt das Fehlerverhalten betrachten.

Analytische Schritte
7 Geeigneter Zustandsname
- Beschreibt eine bestimmte Zeitspanne.
- Kein Verb.
- Kann entfallen, wenn er keine zusätzliche Information enthält.

8 Ist das Zustandsdiagramm konsistent mit der Liste der Operationen?
- Gibt es für jede Operation mindestens einen Zustand, in dem das Objekt auf die entsprechende Botschaft reagieren kann?
- Sind alle Aktivitäten und Aktionen auch Operationen des Klassendiagramms?

9 Sind alle Zustandsübergänge korrekt eingetragen?
- Ist jeder Zustand erreichbar?
- Kann jeder Zustand – mit Ausnahme der Endzustände – verlassen werden?
- Sind die Zustandsübergänge eindeutig?

10 Fehlerquellen
- Beschreibung von Benutzerdialogen anstelle reiner Funktionalität.
- Gedankengut aus den Programmablaufplänen übernommen (»Schleifen« dürfen nicht vorkommen. Bedingungen sind immer mit einem Ereignis verknüpft).

Checkliste Operation

Ergebnisse
- **Klassendiagramm**
  In das Klassendiagramm werden die Operationen eingetragen.
- **Beschreibung der Operationen**

Konstruktive Schritte
1 Operationen ins Klassendiagramm eintragen
- Operationen aus Szenarios und Zustandsautomaten übernehmen.
- Listenoperationen hinzufügen.

■ Keine Verwaltungsoperationen (z.B. erfassen, ändern, löschen) eintragen.

2 Vererbung von Operationen berücksichtigen
■ Operationen möglichst weit oben in der Hierarchie eintragen.

3 Beschreibungen erstellen
■ Eine Beschreibung, was die Operation aus fachlicher Sicht leisten soll, ist nur dann zu erstellen, wenn ihre Funktionsweise anhand des Namens und der Interaktionsdiagramme nicht klar wird.
■ Im Allgemeinen informal.
■ Bei Bedarf auch semiformale Spezifikation.

Analytische Schritte
4 Besitzt die Operation einen geeigneten Namen?
■ Beginnt mit einem Verb.
■ Beschreibt, was die Operation »tut«.

5 Erfüllt jede Operation die geforderten Qualitätskriterien?
■ Angemessener Umfang, d.h. ist die Operation *nicht* zu umfangreich.
■ Funktionale Bindung, d.h. jede Operation realisiert eine in sich abgeschlossene Funktion.

6 Ist das *balancing* erfüllt?
■ Alle Attribute werden von den Operationen benötigt, d.h. Klassen sollen nur solche Attribute enthalten, die von den Operationen der Klasse oder einer ihrer Unterklassen benötigt werden.

7 Fehlerquellen
■ Beschreibung von Benutzerdialogen anstelle reiner Funktionalität.

Entwurfsmuster

Ein **Entwurfsmuster** *(design pattern)* gibt eine bewährte, generische Lösung für ein immer wiederkehrendes Entwurfsproblem an, das in bestimmten Situationen auftritt. Entwurfsmuster sind heute ein *Muss* für jeden Java- oder C++-Programmierer.

Fabrikmethode-Muster

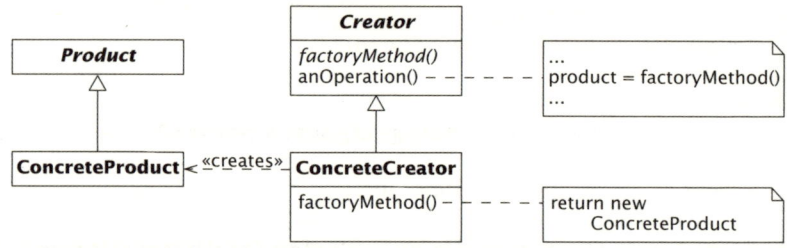

Zweck
Das **Fabrikmethode**-Muster *(factory method)* ist ein klassenbasiertes Erzeugungsmuster. Es bietet eine Schnittstelle zum Erzeugen eines Objekts an, wobei die Unterklassen entscheiden, von welcher Klasse das zu erzeugende Objekt ist. Dieses Muster wird auch als virtueller Konstruktur *(virtual constructor)* bezeichnet.

Anwendbarkeit
Verwenden Sie dieses Muster, wenn
- eine Klasse die von ihr zu erzeugenden Objekte *nicht* im Voraus kennen kann,
- eine Klasse benötigt wird, deren Unterklassen selber festlegen, welche Objekte sie erzeugen.

Funktion der Klassen
Product: Die Klasse definiert die Schnittstelle der Objekte, die von der Fabrikmethode erzeugt werden.

ConcreteProduct: Diese Unterklasse implementiert die Schnittstelle des Produkts.

Creator: Die Klasse deklariert die abstrakte Fabrikmethode.

ConcreteCreator: Diese Unterklasse überschreibt die Fabrikmethode, sodass sie ein Objekt von ConcreteProduct zurückgibt.

Singleton-Muster

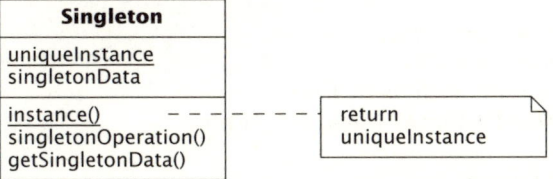

Zweck

Das **Singleton-Muster** (*Singleton*) ist ein objektbasiertes Erzeugungsmuster. Es stellt sicher, dass eine Klasse genau ein Objekt besitzt und ermöglicht einen globalen Zugriff auf dieses Objekt.

Anwendbarkeit

Verwenden Sie dieses Muster

- wenn es genau ein Objekt einer Klasse geben und ein einfacher Zugriff darauf bestehen soll,
- wenn das einzige Exemplar durch Spezialisierung mittels Unterklassen erweitert wird und Klienten das erweiterte Exemplar verwenden können, ohne ihren Code zu ändern,
- als Verbesserung gegenüber globalen Variablen.

Funktion der Klassen

Die Klasse *Singleton* definiert die Klassenoperation `instance()`, die es dem Klienten ermöglicht, auf das einzige Exemplar zuzugreifen. Die *Singleton*-Klasse wird folgendermaßen deklariert:

```
class Singleton
{   public:
        static Singleton *instance();
```

```
    protected:
        Singleton();
    private:
        static Singleton *uniqueInstance;
};
```
Das Klassenattribut wird definiert durch:
```
Singleton* Singleton::uniqueInstance = 0;
```

Die Implementierung der Operation instance() lautet:

```
Singleton *Singleton::instance()
{    if (uniqueInstance == 0)
         //es existiert noch kein Exemplar
     {           uniqueInstance = new Singleton;
     }
     return uniqueInstance;
}
```

Kompositum-Muster

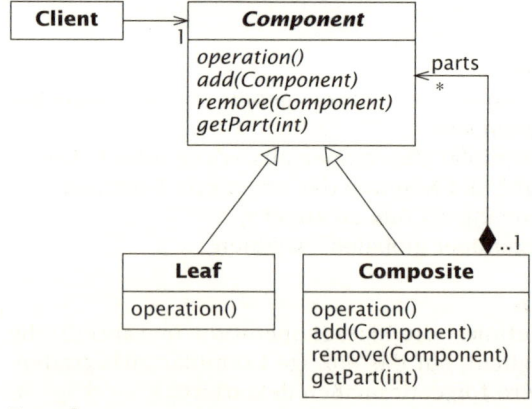

Zweck
Das **Kompositum-Muster** *(composite)* ist ein objektbasiertes Struk-turmuster. Es setzt Objekte zu Baumstrukturen zusammen, um

whole-part-Hierarchien darzustellen. Dieses Muster ermöglicht es, sowohl einzelne Objekte als auch einen Baum von Objekten einheitlich zu behandeln.

Anwendbarkeit
Verwenden Sie dieses Muster, wenn
■ Sie *whole-part*-Hierarchien von Objekten darstellen wollen,
■ die Klienten keinen Unterschied zwischen elementaren und zusammengesetzten Objekten wahrnehmen und alle Objekte gleich behandeln sollen.
Dieses Muster lässt sich in vielen Klassenbibliotheken und speziell in *Frameworks* finden.

Funktion der Klassen
Component: Diese Klasse deklariert die Schnittstelle für alle Objekte und implementiert eventuell ein *default*-Verhalten für die gemeinsame Schnittstelle. Sie deklariert eine Schnittstelle zum Zugriff und zum Verwalten von Teilobjekten in der Aggregatstruktur.
Leaf: Diese Klasse repräsentiert elementare Objekte.
Composite: Diese Aggregatklasse definiert das Verhalten von zusammengesetzten Objekten, speichert Teilobjekte, und implementiert Operationen, die sich auf Teilobjekte beziehen.
Client: Diese Klasse repräsentiert die Klienten.

Proxy-Muster

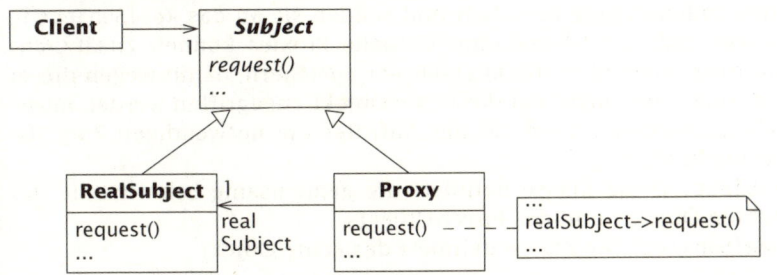

Zweck
Das **Proxy-Muster** *(proxy)* ist ein objektbasiertes Strukturmuster. Es kontrolliert den Zugriff auf ein Objekt mithilfe eines vorgelagerten Stellvertreter-Objekts. Dieses Muster wird auch als Surrogat *(surrogate)* bezeichnet.

Anwendbarkeit
Dieses weit verbreitete Muster ist in folgenden Situationen anwendbar:
- Ein *remote*-Proxy stellt einen lokalen Vertreter für ein Objekt auf einem anderen Computer dar.
- Ein virtuelles Proxy erzeugt »teure« Objekte auf Verlangen.
- Ein Schutz-Proxy kontrolliert den Zugriff auf das Originalobjekt.
- Ein *smart reference* ist ein Ersatz für einen einfachen Zeiger, der zusätzliche Aktionen ausführt. Dazu gehört das Zählen der Referenzen auf das eigentliche Objekt, sodass es automatisch freigegeben wird, wenn es keine Referenzen mehr besitzt *(smart pointer)*. Weiterhin sorgt er dafür, dass ein persistentes Objekts beim erstmaligen Referenzieren in den Speicher geladen wird. Eine weitere Aufgabe besteht darin, dass getestet wird, ob das eigentliche Objekt gesperrt *(locked)* ist, bevor darauf zugegriffen wird.

Funktion der Klassen
Proxy: Diese Klasse kontrolliert den Zugriff auf das eigentliche Objekt und ist dafür zuständig, es zu erzeugen und zu löschen. Sie bietet eine Schnittstelle an, die mit der von Subject identisch ist, sodass ein Proxy für Subject eingesetzt werden kann. *Remote*-Proxies kodieren eine Botschaft und senden sie an das RealSubject in einem anderen Adressraum. Virtuelle Proxies können zusätzliche Informationen über das RealSubject speichern, damit wegen dieser Informationen nicht auf das echte Objekt zugegriffen werden muss. Schutz-Proxies prüfen, ob der Aufrufer die notwendigen Zugriffsrechte besitzt.
Subject: Diese Klasse definiert die gemeinsame Schnittstelle des echten Objekts und des Proxy-Objekts.
RealSubject: Die Klasse definiert das echte Objekt.

Fassaden-Muster

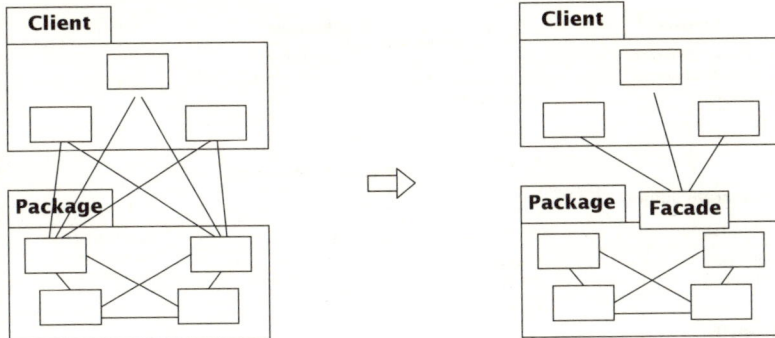

Zweck

Das **Fassaden-Muster** *(facade)* ist ein objektbasiertes Struktur-muster. Es bietet eine einfache Schnittstelle zu einer Menge von Schnittstellen (Pakete) an. Die Fassadenklasse definiert eine abstrak-te Schnittstelle, um die Benutzung des Pakets zu vereinfachen.

Anwendbarkeit

Verwenden Sie dieses Muster, wenn

- Sie eine einfache Schnittstelle zu einem komplexen Paket anbie-ten wollen,
- es zahlreiche Abhängigkeiten zwischen Klienten und einem Paket gibt. Dann entkoppelt die Fassade beide Komponenten und för-dert damit Unabhängigkeit und Portabilität des Pakets.
- Sie die Pakete in Schichten organisieren wollen. Dann definiert eine Fassade den Eintritt für jede Schicht. Die Fassade verein-facht den Zugriff auf die Schichten.

Funktion der Klassen

Facade: Die Klasse weiß, welche Klassen des Pakets für die Bearbei-tung einer Botschaft zuständig sind und delegiert Botschaften vom Klienten an die zuständige Klasse. Sie definiert keine neue Funktio-nalität. Oft wird nur ein Objekt der *Facade*-Klasse benötigt.

Package-Klassen: Sie führen die von der Fassade zugewiesenen Auf-gaben durch und wissen nichts von der Fassade.

Beobachter-Muster

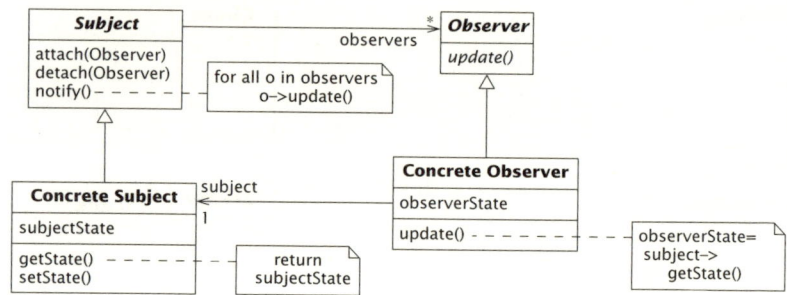

Zweck

Das **Beobachter-Muster** *(observer)* ist ein objektbasiertes Verhaltensmuster. Es sorgt dafür, dass bei der Änderung eines Objekts alle davon abhängigen Objekte benachrichtigt und automatisch aktualisiert werden.

Anwendbarkeit

Wenden Sie dieses Muster an, wenn gilt:

- Eine Abstraktion besitzt zwei Aspekte, die wechselseitig voneinander abhängen. Die Kapselung in zwei Objekte ermöglicht es, sie unabhängig voneinander wiederzuverwenden oder zu modifizieren.
- Die Änderung eines Objekts impliziert die Änderung anderer Objekte und es ist nicht bekannt, wie viele Objekte geändert werden müssen.
- Ein Objekt soll andere Objekte benachrichtigen und diese Objekte sind nur lose gekoppelt.

Funktion der Klassen

Subject: Die Klasse kennt eine beliebige Anzahl von Beobachtern.
Observer: Diese Klasse definiert die Schnittstelle für alle konkreten *observer,* d.h. für alle Objekte, die über Änderungen eines *subjects* informiert werden müssen.
ConcreteSubject: Die Objekte dieser Klasse speichern die Daten, die für die konkreten Beobachter relevant sind.

ConcreteObserver: Die Objekte dieser Klasse kennen das konkrete Subjekt und merken sich den Zustand, der mit dem des Subjekts konsistent sein soll. Sie implementiert die Schnittstelle der *Observer*-Klasse, um die Konsistenz zum Subjekt sicherzustellen.

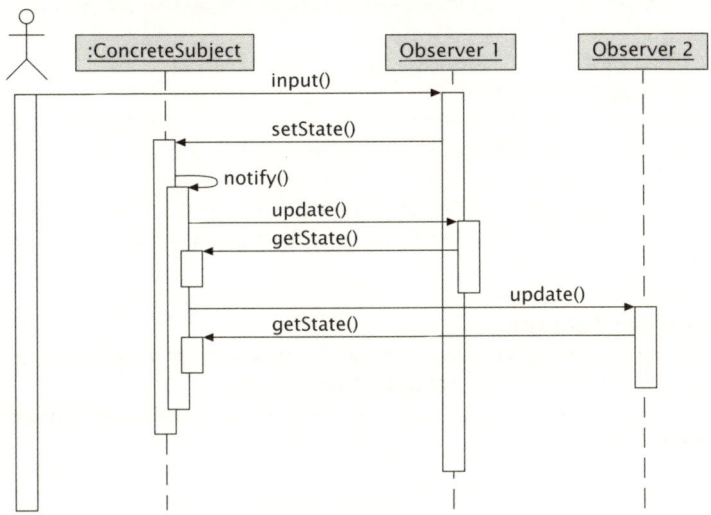

Schablonenmethoden-Muster

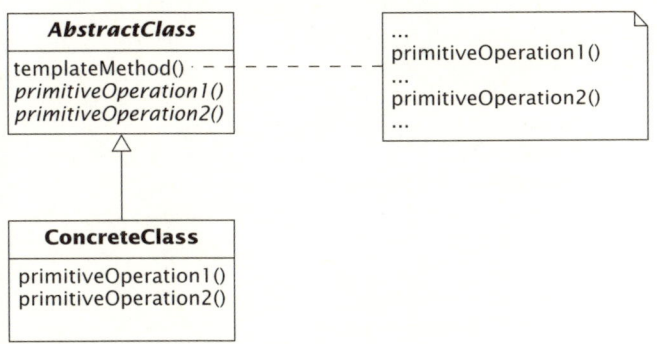

Zweck

Das **Schablonenmethode-Muster** *(template method)* ist ein objektbasiertes Verhaltensmuster. Es definiert den Rahmen eines Algorithmus in einer Operation und delegiert Teilschritte an Unterklassen. Schablonenmethoden sind in vielen abstrakten Klassen zu finden.

Anwendbarkeit

Verwenden Sie dieses Muster,

- um die invarianten Teile eines Algorithmus ein einziges Mal festzulegen und die konkrete Ausführung der variierenden Teile den Unterklassen zu überlassen,
- wenn gemeinsames Verhalten von Unterklassen in einer Oberklasse realisiert werden soll, um die Duplikation von Code zu vermeiden.

Funktion der Klassen

AbstractClass: Diese Klasse definiert abstrakte primitive Operationen und implementiert die Schablonenmethode.

ConcreteClass: Sie implementiert die primitiven Operationen der abstrakten Oberklasse.

Weiterführende Literatur

Balzert Heide
Lehrbuch der Objektmodellierung
Analyse und Entwurf
Spektrum Akademischer Verlag, Heidelberg, 1999

Balzert Heide
Objektorientierung in 7 Tagen
Vom UML-Modell zur fertigen Web-Anwendung
Spektrum Akademischer Verlag, Heidelberg, 2000

Balzert Helmut
Lehrbuch der Software-Technik
Software-Entwicklung
2. Auflage
Spektrum Akademischer Verlag, Heidelberg, 2001

Balzert Helmut
Lehrbuch der Software-Technik
Software-Management, Software-Qualitätssicherung,
Unternehmensmodellierung
Spektrum Akademischer Verlag, Heidelberg, 1998

Balzert Helmut
Lehrbuch Grundlagen der Informatik
Konzepte und Notation in UML, Java und C++,
Algorithmik und Software-Technik, Anwendungen
Spektrum Akademischer Verlag, Heidelberg, 1999

Booch G., Rumbaugh J, Jacobson I.
Das UML-Benutzerhandbuch
Von den Designern der UML
Addison-Wesley, München, 1999

Burkhardt R.
UML – Unified Modeling Language
Objektorientierte Modellierung für die Praxis
Addison-Wesley, München, 1997

Buschmann F., Meunier R., Rohnert H., Sommerlad P., Stal M.
Pattern-orientierte Software-Architektur
Addison-Wesley, München, 1998

Fowler M., Scott, K.
UML konzentriert
2. Auflage
Addison-Wesley, München, 2000

Gamma E., Helm R., Johnson R., Vlissides J.
Entwurfsmuster
Elemente wiederverwendbarer objektorientierter Software
Addison-Wesley, München, 1996

Harmon, P., Watson M.
Understanding UML: The Developer's Guide
with a Web-Based Application in Java
Morgan Kaufmann Publishers, San Francisco, California, 1998

/ODMG/
http://www.odmg.org

/OMG/
http://www.omg.org

Rumbaugh J., Jacobson I., Booch Grady
The Unified Language Reference Manual
Addison-Wesley, Reading Massachusetts, 1999

Unified Modeling Language 1.3
OMG Unified Modeling Language Specification, Version 1.3
June 1999
http://www.rational.com/uml

Unified Modeling Language 1.4
Draft of UML RTF's recommended revision for the UML 1.4 specification
OMG document ad/01-02-13
Februar 2001
http://www.omg.org

Versteegen G.
Projektmanagement mit dem Rational Unified Process
Springer-Verlag, Berlin, 2000

Vlissides J.
Entwurfsmuster anwenden
Addison-Wesley, München, 1999

Index